2022年退税减税降费政策与实务200问

田　晟　陈志坚　周梦婷　编著

中国税务出版社

图书在版编目（CIP）数据

2022年退税减税降费政策与实务200问/田晟，陈志坚，周梦婷编著．—北京：中国税务出版社，2022.8

ISBN 978-7-5678-1252-9

Ⅰ.①2… Ⅱ.①田…②陈…③周… Ⅲ.①减税-税收政策-中国-问题解答 Ⅳ.①F812.422-44

中国版本图书馆CIP数据核字(2022)第120060号

书　　名：**2022年退税减税降费政策与实务200问**
作　　者：田　晟　陈志坚　周梦婷　编著
责任编辑：张　敏
责任校对：姚浩晴
技术设计：刘冬珂
出版发行：中国税务出版社
　　　　　北京市丰台区广安路9号国投财富广场1号楼11层
　　　　　邮政编码：100055
　　　　　网址：https://www.taxation.cn
　　　　　投稿：https://www.taxation.cn/qt/zztg
　　　　　发行中心电话：(010)83362083/85/86
　　　　　传真：(010)83362047/48/49
经　　销：各地新华书店
印　　刷：北京天宇星印刷厂
规　　格：880毫米×1230毫米　1/32
印　　张：9
字　　数：88000字
版　　次：2022年8月第1版　2022年8月第1次印刷
书　　号：ISBN 978-7-5678-1252-9
定　　价：32.00元

前言

减税降费是助企纾困解难最公平、最直接、最有效的举措。2022 年以来，国家陆续出台了一系列新的组合式税费支持政策，为企业减负，为经济护航。新的组合式税费支持政策带动小微企业经营逐步改善，支撑困难行业销售加快回暖，助力工业经济运行企稳回升，政策效应持续显现。

2022 年新的组合式税费支持政策，既有阶段性措施，又有制度性安排；既有减免政策，又有缓缴、退税措施；既有普遍适用的减负政策，又有特定领域专项帮扶措施；既有延续性安排，又有新增部署；既有中央统一实施的政策，又有地方依法自主实施的措施，呈现出全面发力、多点突破的特点。

尽享政策红利，需要准确地理解和运用这些税收优惠政策。准确理解和运用政策，也是每一位企业财税从业人员、财税中介的职责所在，是企业经营者必须了解掌握的关键事项。

在实际工作中，我们发现准确理解和运用税收优惠政策并不像想象中那么简单。财税从业人员面对新政策时，往往需要大量时间去消化学习并在实务工作中融会贯通。

正因如此，本书直接解读“干货”，向各位从业人员阐述政策要点，分析实务细节，并附上大量实操案例便于理解，从而，对追求效率的企业来说，可以节约从业人员的学习时间，降低企业从业人员的学习成本。

本书三位编者均为一线税务从业人员，拥有丰富的实践经验。在这本新作中，编者先将政策原文按税制要素厘清，再结合自己多年的积累，将政策的核心要点和实操中的热点问题，以问答的形式一一阐明。

本书不仅是一本关于税收优惠政策的解析，更是一本实用的工具书，对政策理解、实务应用、纳税申报及会计处理等均有细致的解读和指导。就像查字典一样，需要时可以翻开目录，搜索你眼下亟须解决的问题。跟随专业之“师”，拿到顺手之“器”，高效工作是必然的结果。

税收政策持续更新，执行中请读者以最新税收政策规定为准。囿于水平、时间，本书难免存在不足和疏忽之处，敬请提出宝贵意见和建议。

编　者

2022年7月

目　录

实务答疑问题索引

1.1

小微企业及制造业、批发零售业等行业增值税留抵退税

1.2 增值税小规模纳税人阶段性免征增值税政策

1.3
提供公共交通运输服务免征增值税

1.4
航空和铁路运输企业分支机构暂停预缴增值税

1.5
快递收派服务免征增值税政策

1.6 生产、生活性服务业增值税加计抵减政策

2.1
中小微企业设备器具企业所得税税前扣除

2.2
提高科技型中小企业研发费用税前加计扣除比例

2.3

小型微利企业减半征收企业所得税

3.1

3 岁以下婴幼儿照护个人所得税专项附加扣除政策

4.1
扩大“六税两费”减免适用范围

4.2
制造业中小微企业延缓缴纳部分税费

1 增值税

1.1 小微企业及制造业、批发零售业等行业增值税留抵退税

1.1.1 政策概述

1.1.1.1 具体政策

1. 将先进制造业按月全额退还增值税增量留抵税额政策范围扩大至符合条件的小微企业（含个体工商户，下同），并一次性退还小微企业存量留抵税额。

（1）符合条件的小微企业，可以自 2022 年 4 月纳税申报期起向主管税务机关申请退还增量留抵税额。在 2022 年 12 月 31 日前，退税条件按照《财政部 税务总局关于进一步加大增值税期末留抵退税政策实施力度的公告》（财政部 税务总局公告 2022 年第 14 号，以下简称 14 号公告）第三条（见“1.1.1.3 适用条件”）执行。

（2）符合条件的微型企业，可以自 2022 年 4 月纳税申报期起向主管税务机关申请一次性退还存量留抵税额；符合条件的小型企业，可以自 2022 年 5 月纳税申报期起向主管税务机

关申请一次性退还存量留抵税额。

2. 将先进制造业按月全额退还增值税增量留抵税额政策范围扩大至符合条件的“制造业”“科学研究和技术服务业”“电力、热力、燃气及水生产和供应业”“软件和信息技术服务业”“生态保护和环境治理业”和“交通运输、仓储和邮政业”等行业（以下称制造业等行业）企业（含个体工商户），并一次性退还制造业等行业企业存量留抵税额。

（1）符合条件的制造业等行业企业，可以自2022年4月纳税申报期起向主管税务机关申请退还增量留抵税额。

（2）符合条件的制造业等行业中型企业，可以自2022年5月纳税申报期起向主管税务机关申请一次性退还存量留抵税额；符合条件的制造业等行业大型企业，可以自2022年6月纳税申报期起向主管税务机关申请一次性退还存量留抵税额。

3. 自2022年7月1日起，将全额退还增值税留抵税额政策行业范围，扩大至“批发和零售业”“农、林、牧、渔业”“住宿和餐饮业”“居民服务、修理和其他服务业”“教育”“卫生和社会工作”和“文化、体育和娱乐业”（以下称批发零售业等行业）企业（含个体工商户）。

（1）符合条件的批发零售业等行业企业，可以自2022年7月纳税申报期起向主管税务机关申请退还增量留抵税额。

（2）符合条件的批发零售业等行业企业，可以自2022年7月纳税申报期起向主管税务机关申请一次性退还存量留抵税额。

4. 增值税留抵退税政策概述。

（1）2011 年 11 月，《财政部　国家税务总局关于退还集成电路企业采购设备增值税期末留抵税额的通知》（财税〔2011〕107 号）发布，为解决集成电路重大项目企业采购设备引起的增值税进项税额占用资金问题，决定自 2011 年 11 月 1 日起对其因购进设备形成的增值税期末留抵税额予以退还。

（2）2018 年 6 月，《财政部　税务总局关于 2018 年退还部分行业增值税留抵税额有关税收政策的通知》（财税〔2018〕70 号）发布，试行对装备制造等先进制造业、研发等现代服务业和电网企业增值税期末留抵税额予以退还。

（3）2019 年 3 月，《财政部　税务总局　海关总署关于深化增值税改革有关政策的公告》（财政部　税务总局　海关总署公告 2019 年第 39 号）发布，取消了行业限制，规定自 2019 年 4 月 1 日起，同时符合下列条件的纳税人，可以向主管税务机关申请退还增量留抵税额：

①自 2019 年 4 月税款所属期起，连续 6 个月（按季纳税的，连续两个季度）增量留抵税额均大于零，且第 6 个月增量留抵税额不低于 50 万元；

②纳税信用等级为 A 级或者 B 级；

③申请退税前 36 个月未发生骗取留抵退税、出口退税或虚开增值税专用发票情形的；

④申请退税前 36 个月未因偷税被税务机关处罚两次及以上的；

⑤自 2019 年 4 月 1 日起未享受即征即退、先征后返（退）政策的。

（4）2019 年 4 月，《国家税务总局关于办理增值税期末留抵税额退税有关事项的公告》（国家税务总局公告 2019 年第 20 号）发布，针对期末留抵退税的税收征管事项及办理流程进行了明确，自 2019 年 5 月 1 日起施行。

（5）2019 年 8 月，《财政部　税务总局关于明确部分先进制造业增值税期末留抵退税政策的公告》（财政部　税务总局公告 2019 年第 84 号）发布，为进一步推进制造业高质量发展，放宽了部分先进制造业（非金属矿物制品、通用设备、专用设备及计算机、通信和其他电子设备销售额）的留抵退税条件，并加大其增量留抵税额退税力度。政策有两个主要变化，一是留抵退税的条件由一般企业的“连续六个月增量留抵税额均大于零，且第六个月增量留抵税额不低于 50 万元”变为“增量留抵税额大于零”；二是应退税额的计算取消了 60% 的限制。

（6）2019 年 9 月，《国家税务总局关于国内旅客运输服务进项税抵扣等增值税征管问题的公告》（国家税务总局公告 2019 年第 31 号）修订并重新发布了《退（抵）税申请表》。

（7）2019 年 10 月，《财政部　税务总局关于民用航空发动机、新支线飞机和大型客机税收政策的公告》（财政部　税务总局公告 2019 年第 88 号）发布，规定对从事大型民用客机发动机、中大功率民用涡轴涡桨发动机研制项目、生产销售新支线飞机、从事大型客机研制项目而形成的增值税期末留抵税额予以退还。

（8）2019 年 12 月，《国家税务总局关于取消增值税扣税凭证认证确认期限等增值税征管问题的公告》（国家税务总局公告2019年第45号）发布，明确纳税人适用增值税留抵退税政策，有纳税信用级别条件要求的，以纳税人向主管税务机关申请办理增值税留抵退税提交《退（抵）税申请表》时的纳税信用级别确定。在计算允许退还的增量留抵税额的进项构成比例时，纳税人在2019年4月至申请退税前一税款所属期内按规定转出的进项税额，无需从已抵扣的增值税专用发票、机动车销售统一发票、海关进口增值税专用缴款书、解缴税款完税凭证注明的增值税额中扣减。

（9）2020年2月，《财政部　税务总局关于支持新型冠状病毒感染的肺炎疫情防控有关税收政策的公告》（财政部　税务总局公告2020年第8号）发布，规定疫情防控重点保障物资生产企业可以按月向主管税务机关申请全额退还增值税增量留抵税额。增量留抵税额，是指与2019年12月底相比新增加的期末留抵税额。

（10）2021年4月，《财政部　税务总局关于明确先进制造业增值税期末留抵退税政策的公告》（财政部　税务总局公告2021年第15号）发布，规定自2021年4月1日起，将运输设备、电气机械、仪器仪表、医药、化学纤维等制造业企业纳入先进制造业企业增值税留抵退税政策范围，实行按月全额退还增量留抵税额。

（11）2021年4月，《国家税务总局关于明确先进制造业增值税期末留抵退税征管问题的公告》（国家税务总局公告2021年第10号）发布，明确了先进制造业增值税期末留抵退税征管问题，再次对《退（抵）税申请表》进行修订并重新发布，自2021年5月1日起施行。

（12）2021年9月，《中华人民共和国城市维护建设税法》正式实施，其中第二条第二款规定，城市维护建设税的计税依据应当按照规定扣除期末留抵退税退还的增值税税额。2021年8月，《国家税务总局关于城市维护建设税征收管理有关事项的公告》（国家税务总局公告2021年第26号）发布，对期末留抵退税退还的增值税的口径、应扣除期限、允许扣除的情形和特殊情况下未扣除完的余额如何处理等问题进行了明确：

①纳税人自收到留抵退税额之日起，应当在下一个纳税申报期从城市维护建设税计税依据中扣除。

②留抵退税额仅允许在按照增值税一般计税方法确定的城市维护建设税计税依据中扣除。当期未扣除完的余额，在以后纳税申报期按规定继续扣除。

③对于增值税小规模纳税人更正、查补此前按照一般计税方法确定的城市维护建设税计税依据，允许扣除尚未扣除完的留抵退税额。

（13）2022年3月，《财政部　税务总局关于进一步加大增值税期末留抵退税政策实施力度的公告》（财政部　税务总局公告2022年第14号）发布，规定自2022年4月1日起，加大小微企业以及“制造业”“科学研究和技术服务业”“电力、热力、燃气及水生产和供应业”“软件和信息技术服务业”“生态保护和环境治理业”和“交通运输、仓储和邮政业”（以下称制造业等行业）的留抵退税力度，将先进制造业按月全额退还增值税增量留抵税额政策范围扩大至小微企业和制造业等行业，并一次性退还其存量留抵税额。

（14）2022 年 3 月，《国家税务总局关于进一步加大增值税期末留抵退税政策实施力度有关征管事项的公告》（国家税务总局公告 2022 年第 4 号）发布，明确了进一步加大增值税期末留抵退税政策实施力度有关征管事项。

（15）2022 年 4 月，《财政部　税务总局关于进一步加快增值税期末留抵退税政策实施进度的公告》（财政部　税务总局公告 2022 年第 17 号）发布，明确了在纳税人自愿申请的基础上加快退税进度，并将符合条件的制造业、批发零售业等行业中型企业一次性退还存量留抵税额申请时间从 2022 年 7 月纳税申报期起调整为 2022 年 5 月纳税申报期起。

（16）2022 年 5 月，《财政部　税务总局关于进一步持续加快增值税期末留抵退税政策实施进度的公告》（财政部　税务总局公告 2022 年第 19 号）发布，将符合条件的制造业、批发零售业等行业大型企业向主管税务机关申请一次性退还存量留抵税额的申请时间，从自 2022 年 10 月纳税申报期起调整为 2022 年 6 月纳税申报期起。

（17）2022 年 6 月，《财政部　税务总局关于扩大全额退还增值税留抵税额政策行业范围的公告》（财政部　税务总局公告 2022 年第 21 号，以下简称 21 号公告）发布，规定自 2022 年 7 月 1 日起，扩大全额退还增值税留抵税额政策行业范围，将 14 号公告规定的制造业等行业按月全额退还增值税增量留抵税额、一次性退还存量留抵税额的政策范围，扩大至“批发和零售业”“农、林、牧、渔业”“住宿和餐饮业”“居民服务、修理和其他服务业”“教育”“卫生和社会工作”和“文化、体育和娱乐业”企业（含个体工商户）。

（18）2022年6月，《国家税务总局关于扩大全额退还增值税留抵税额政策行业范围有关征管事项的公告》（国家税务总局公告2022年第11号）发布，规定自2022年7月1日起，符合21号公告规定的纳税人申请退还留抵税额，应按照国家税务总局公告2019年第20号和国家税务总局公告2022年第4号等规定办理相关留抵退税业务。同时，对《退（抵）税申请表》进行修订并重新发布。

（19）2022年7月，《国家税务总局关于延长2022年7月份增值税留抵退税申请时间的公告》（国家税务总局公告2022年第15号）发布，为保障扩大全额退还增值税留抵退税行业范围政策顺利实施，方便纳税人申请办理留抵退税，决定将2022年7月份增值税留抵退税申请时间延长至7月的最后一个工作日。

1.1.1.2 适用范围

1. 小微企业，是指符合以下规定的小型企业和微型企业。

（1）中型企业、小型企业和微型企业，按照《中小企业划型标准规定》（工信部联企业〔2011〕300号）和《金融业企业划型标准规定》（银发〔2015〕309号）中的营业收入指标、资产总额指标确定。其中，资产总额指标按照纳税人上一会计年度年末值确定。营业收入指标按照纳税人上一会计年度增值税销售额确定；不满一个会计年度的，按照以下公式计算：

增值税销售额（年）＝上一会计年度企业实际存续期间增值税销售额÷企业实际存续月数×12

上述增值税销售额，包括纳税申报销售额、稽查查补销售额、纳税评估调整销售额。适用增值税差额征税政策的，以差额后的销售额确定。

（2）对于《中小企业划型标准规定》和《金融业企业划型标准规定》所列行业以外的纳税人，以及《中小企业划型标准规定》所列行业但未采用营业收入指标或资产总额指标划型确定的纳税人，微型企业标准为增值税销售额（年）100万元以下（不含100万元）；小型企业标准为增值税销售额（年）2000万元以下（不含2000万元）；中型企业标准为增值税销售额（年）1亿元以下（不含1亿元）。

（3）根据14号公告第六条规定，适用《中小企业划型标准规定》和《金融业企业划型标准规定》时，纳税人的行业归属，根据《国民经济行业分类》关于以主要经济活动确定行业归属的原则，以上一会计年度从事《国民经济行业分类》对应业务增值税销售额占全部增值税销售额比重最高的行业确定。

2. 大型企业，是指除上述中型企业、小型企业和微型企业外的其他企业。

3. 制造业、批发零售业等行业企业，是指从事《国民经济行业分类》中“批发和零售业”“农、林、牧、渔业”“住宿和餐饮业”“居民服务、修理和其他服务业”“教育”“卫生和社会工作”“文化、体育和娱乐业”“制造业”“科学研究和技术服务业”“电力、热力、燃气及水生产和供应业”“软件和信息技术服务业”“生态保护和环境治理业”和“交通运输、仓储和邮政业”业务相应发生的增值税销售额占全部增值税销售额的比重超过50%的纳税人。如果一个纳税人从事上述多项业务，以相关业务增值税销售额加总计算销售额占比，从而确定是否属于制造业、批发零售业等行业纳税人。

制造业、批发零售业等行业企业的销售额比重根据纳税人申请退税前连续12个月的销售额计算确定；申请退税前经营期不满12个月但满3个月的，按照实际经营期的销售额计算确定。

1.1.1.3　适用条件

1. 适用上述政策的纳税人需同时符合以下条件：

（1）纳税信用等级为A级或者B级；

（2）申请退税前36个月未发生骗取留抵退税、骗取出口退税或虚开增值税专用发票情形；

（3）申请退税前36个月未因偷税被税务机关处罚两次及以上；

（4）2019年4月1日起未享受即征即退、先征后返（退）政策。

2. 政策所称增量留抵税额，区分以下情形确定：

（1）纳税人获得一次性存量留抵退税前，增量留抵税额为当期期末留抵税额与2019年3月31日相比新增加的留抵税额；

（2）纳税人获得一次性存量留抵退税后，增量留抵税额为当期期末留抵税额。

3. 政策所称存量留抵税额，区分以下情形确定：

（1）纳税人获得一次性存量留抵退税前，当期期末留抵税额大于或等于2019年3月31日期末留抵税额的，存量留抵税额为2019年3月31日期末留抵税额；当期期末留抵税额小于2019年3月31日期末留抵税额的，存量留抵税额为当期期末留抵税额；

（2）纳税人获得一次性存量留抵退税后，存量留抵税额为零。

1.1.1.4 注意事项

1. 适用上述政策的纳税人，按照以下公式计算允许退还的留抵税额：

允许退还的增量留抵税额 = 增量留抵税额 × 进项构成比例 ×100%

允许退还的存量留抵税额 = 存量留抵税额 × 进项构成比例 ×100%

进项构成比例，为2019年4月至申请退税前一税款所属期已抵扣的增值税专用发票（含带有“增值税专用发票”字样全面数字化的电子发票、税控机动车销售统一发票）、收费公路通行费增值税电子普通发票、海关进口增值税专用缴款书、解缴税款完税凭证注明的增值税额占同期全部已抵扣进项税额的比重。

2. 纳税人出口货物劳务、发生跨境应税行为，适用免抵退税办法的，应先办理免抵退税。当期可申报免抵退税的出口销售额为零的，应办理免抵退税零申报。免抵退税办理完毕后，仍符合政策规定条件的，可以申请退还留抵税额；适用免退税办法的，相关进项税额不得用于退还留抵税额。

3. 纳税人自2019年4月1日起已取得留抵退税款的，不得再申请享受增值税即征即退、先征后返（退）政策。纳税人可以在2022年10月31日前一次性将已取得的留抵退税款全部缴回后，按规定申请享受增值税即征即退、先征后返（退）政策。

纳税人自2019年4月1日起已享受增值税即征即退、先征后返（退）政策的，可以在2022年10月31日前一次性将已退还的增值税即征即退、先征后返（退）税款全部缴回后，按规定申请退还留抵税额。

4. 纳税人可以选择向主管税务机关申请留抵退税，也可以选择结转下期继续抵扣。纳税人应在纳税申报期内，完成当期增值税纳税申报后申请留抵退税。2022年4—7月的留抵退税申请时间，延长至每月最后一个工作日。

纳税人可以在规定期限内同时申请增量留抵退税和存量留抵退税。同时符合小微企业和制造业、批发零售业等行业留抵退税政策的纳税人，可任意选择申请适用上述留抵退税政策。

5. 纳税人取得退还的留抵税额后，应相应调减当期留抵税额。

如果发现纳税人存在留抵退税政策适用有误的情形，纳税人应在下个纳税申报期结束前缴回相关留抵退税款。

以虚增进项、虚假申报或其他欺骗手段，骗取留抵退税款的，由税务机关追缴其骗取的退税款，并按照《税收征收管理法》等有关规定处理。

6. 适用留抵退税政策的纳税人办理留抵退税的税收管理事项，继续按照现行规定执行。

1.1.1.5 实施日期

上述规定自2022年4月1日起施行，是一项长期政策。

1.1.1.6 政策依据

1.《财政部 税务总局关于扩大全额退还增值税留抵税额政策行业范围的公告》（财政部 税务总局公告2022年第21号）

2.《财政部 税务总局关于进一步持续加快增值税期末留抵退税政策实施进度的公告》（财政部 税务总局公告2022年第19号）

3.《财政部 税务总局关于进一步加快增值税期末留抵退税政策实施进度的公告》（财政部 税务总局公告2022年第17号）

4.《财政部 税务总局关于进一步加大增值税期末留抵退税政策实施力度的公告》（财政部 税务总局公告2022年第14号）

5.《国家税务总局关于延长2022年7月份增值税留抵退税申请时间的公告》（国家税务总局公告2022年第15号）

6.《国家税务总局关于扩大全额退还增值税留抵税额政策行业范围有关征管事项的公告》（国家税务总局公告2022年第11号）

7.《国家税务总局关于进一步加大增值税期末留抵退税政策实施力度有关征管事项的公告》（国家税务总局公告2022年第4号）

8.《财政部 税务总局 海关总署关于深化增值税改革有关政策的公告》（财政部 税务总局 海关总署公告2019年第39号）

9.《国家税务总局关于办理增值税期末留抵税额退税有

关事项的公告》（国家税务总局公告2019年第20号）

小微企业及制造业、批发零售业等行业增值税留抵退税政策导图，可扫描右侧二维码查看。

1.1.2 实务答疑

2022年增值税期末留抵退税政策的主要内容是什么？

为落实党中央、国务院部署，按照《政府工作报告》关于留抵退税的工作要求，支持小微企业和制造业、批发零售业等行业发展，提振市场主体信心、激发市场主体活力，财政部、税务总局联合发布了《关于进一步加大增值税期末留抵退税政策实施力度的公告》（财政部　税务总局公告2022年第14号）和《关于扩大全额退还增值税留抵税额政策行业范围的公告》（财政部　税务总局公告2022年第21号），加大小微企业以及制造业、批发零售业等行业的留抵退税力度，将先进制造业按月全额退还增值税增量留抵税额政策范围扩大至小微企业和制造业、批发零售业等行业，并一次性退还其存量留抵税额。

2022年增值税期末留抵退税政策有什么特点？

留抵退税新政有三大特点：一是聚焦小微企业和重点支持行业。原有政策主要是在先进制造业企业实施全额增量留抵退税，新政策扩大到对制造业、批发零售业等13个行业符合条件的企业和小微企业（包括个体工商户）。二是“增量留抵和存量留抵”并退。此次留抵退税，对于符合条件的企业，不仅可以退还2019年4月之后形成的增量留抵税额，还可退还2019年3月以前结存的存量留抵税额，实际上是将纳税人所有的增值税进项留抵税额都予以了退还。三是“制度性、一次性和阶段性”安排并举。

如何理解存量留抵退税政策是一次性政策？

对所有符合条件的小微企业和制造业、批发零售业等行业企业在2019年4月1日前形成的存量留抵税额予以退还。这项存量留抵退税政策是“一次性政策”。即纳税人在获得存量留抵退税后，将不再有存量留抵税额。

2022年增值税期末留抵退税政策还有“连续六个月增量留抵税额大于零，且第六个月不低于50万元”的退税门槛吗？

2019年开始实施的普遍性留抵退税政策，设置了“连续六个月增量留抵税额大于零，且第六个月不低于50万元”的退税门槛，此次进一步加大增值税期末留抵退税政策实施力度的规定中，在2022年12月31日前，小微企业和制造业、批发零售业等行业企业须符合的退税条件暂取消了这一退税门槛，其他适用普遍性留抵退税老政策的企业仍需要满足这一门槛要求。

个体工商户适用此次留抵退税政策吗？

小微企业和制造业、批发零售业等行业留抵退税政策的适用主体不仅包括企业，还包括按照一般计税方法计税的个体工商户。

小微企业留抵退税政策和制造业、批发零售业等行业留抵退税政策重叠如何选择？

从政策分类及条件看，小微企业留抵退税政策和制造业、批发零售业等行业留抵退税政策的适用主体可能存在重叠。比如某制造业纳税人是小微企业，既可以适用小微企业留抵退税政策，也可以适用制造业、批发零售业等行业留抵退税政策，纳税人可以自主选择适用，其政策享受的效果是一样的。

哪些纳税人可以适用2022年增值税期末留抵退税政策？

根据14号公告规定，符合条件的小微企业、制造业、批发零售业等行业企业（含个体工商户）可以适用留抵退税政策。

（1）小微企业是指小型企业、微型企业；

（2）制造业、批发零售业等行业企业，是指从事《国民经济行业分类》中“批发和零售业”“农、林、牧、渔业”“住宿和餐饮业”“居民服务、修理和其他服务业”“教育”“卫生和社会工作”“文化、体育和娱乐业”“制造业”“科学研究和技术服务业”“电力、热力、燃气及水生产和供应业”“软件和信息技术服务业”“生态保护和环境治理业”和“交通运输、仓储和邮政业”业务相应发生的增值税销售额占全部增值税销售额的比重超过50%的纳税人。

特别提醒，不仅是制造业和批发零售业适用2022年留抵退税政策，而是“批发和零售业”“农、林、牧、渔业”“住宿和餐饮业”“居民服务、修理和其他服务业”“教育”“卫生和社会工作”“文化、体育和娱乐业”“制造业”“科学研究和技术服务业”“电力、热力、燃气及水生产和供应业”“软件和信息技术服务业”“生态保护和环境治理业”和“交通运输、仓储和邮政业”13个行业企业符合条件的纳税人，均可适用。

什么是大、中、小、微型企业？

中型企业、小型企业、微型企业按照《中小企业划型标准规定》(工信部联企业〔2011〕300 号)(见表 1－1)和《金融业企业划型标准规定》(银发〔2015〕309 号)(见表 1－2)中的营业收入指标、资产总额指标确定。

表 1－1　　中小企业划型标准

行业	中小微型企业	中型企业	小型企业	微型企业
农、林、牧、渔业	营业＜20000 万元	20000 万元＞营业收入≥500 万元	500 万元＞营业收入≥50 万元	营业收入＜50 万元
工业	从业人员＜1000 人或营业收入＜40000 万元	1000 人＞从业人员≥300 人且 40000 万元＞营业收入≥2000 万元	300 人＞从业人员≥20 人且 2000 万元＞营业收入≥300 万元	从业人员＜20 人或营业收入＜300 万元
建筑业	营业收入＜80000 万元或资产总额＜80000 万元	80000 万元＞营业收入≥6000 万元且 80000 万元＞资产总额≥5000 万元	6000 万元＞营业收入≥300 万元且 5000 万元＞资产总额≥300 万元	营业收入＜300 万元或资产总额＜300 万元
批发业	从业人员＜200 人或营业收入＜40000 万元	200 人＞从业人员≥20 人且 40000 万元＞营业收入≥5000 万元	20 人＞从业人员≥5 人且 5000 万元＞营业收入≥1000 万元	从业人员＜5 人或营业收入＜1000 万元
零售业	从业人员＜300 人或营业收入＜20000 万元	300 人＞从业人员≥50 人且 20000 万元＞营业收入≥500 万元	50 人＞从业人员≥10 人且 500 万元＞营业收入≥100 万元	从业人员＜10 人或营业收入＜100 万元
交通运输业	从业人员＜1000 人或营业收入＜30000 万元	1000 人＞从业人员≥300 人且 30000 万元＞营业收入≥3000 万元	300 人＞从业人员≥20 人且 3000 万元＞营业收入≥200 万元	从业人员＜20 人或营业收入＜200 万元
仓储业	从业人员＜200 人或营业收入＜30000 万元	200 人＞从业人员≥100 人且 30000 万元＞营业收入≥1000 万元	100 人＞从业人员≥20 人且 1000 万元＞营业收入≥100 万元	从业人员＜20 人或营业收入＜100 万元
邮政业	从业人员＜1000 人或营业收入＜30000 万元	1000 人＞从业人员≥300 人且 30000 万元＞营业收入≥2000 万元	300 人＞从业人员≥20 人且 2000 万元＞营业收入≥100 万元	从业人员＜20 人或营业收入＜100 万元

续表

行业	中小微型企业	中型企业	小型企业	微型企业
住宿业	从业人员＜300人或营业收入＜10000万元	300人＞从业人员≥100人且10000万元＞营业收入≥2000万元	100人＞从业人员≥10人且2000万元＞营业收入≥100万元	从业人员＜10人或营业收入＜100万元
餐饮业	从业人员＜300人或营业收入＜10000万元	300人＞从业人员≥100人且10000万元＞营业收入≥2000万元	100人＞从业人员≥10人且2000万元＞营业收入≥100万元	从业人员＜10人或营业收入＜100万元
信息传输业	从业人员＜2000人或营业收入＜100000万元	2000人＞从业人员≥100人且100000万元＞营业收入≥1000万元	100人＞从业人员≥10人且1000万元＞营业收入≥100万元	从业人员＜10人或营业收入＜100万元
软件和信息技术服务业	从业人员＜300人或营业收入＜10000万元	300人＞从业人员≥100人且10000万元＞营业收入≥1000万元	100人＞从业人员≥10人且1000万元＞营业收入≥50万元	从业人员＜10人或营业收入＜50万元
房地产开发经营	营业收入＜200000万元或资产总额＜10000万元	200000万元＞营业收入≥1000万元且10000万元＞资产总额≥5000万元	1000万元＞营业收入≥100万元且5000万元＞资产总额≥2000万元	营业收入＜100万元或资产总额＜2000万元
物业管理	从业人员＜1000人或营业收入＜5000万元	1000人＞从业人员≥300人且5000万元＞营业收入≥1000万元	300人＞从业人员≥100人且1000万元＞营业收入≥500万元	从业人员＜100人或营业收入＜500万元
租赁和商务服务业	从业人员＜300人或资产总额＜120000万元	300人＞从业人员≥100人且120000万元＞资产总额≥8000万元	100人＞从业人员≥10人且8000万元＞资产总额≥100万元	从业人员＜10人或资产总额＜100万元
其他未列明行业	从业人员＜300人	300人＞从业人员≥100人	100人＞从业人员≥10人	从业人员＜10人

表 1－2　　金融业企业划型标准

金融机构分类	中小微型企业	中型企业	小型企业	微型企业
银行业存款类金融机构	资产总额＜40000 亿元	40000 亿元＞资产总额≥5000 亿元	5000 亿元＞资产总额≥50 亿元	资产总额＜50 亿元
银行业非存款类金融机构	资产总额＜1000 亿元	1000 亿元＞资产总额≥200 亿元	200 亿元＞资产总额≥50 亿元	资产总额＜50 亿元
贷款公司、小额贷款公司及典当行	资产总额＜1000 亿元	1000 亿元＞资产总额≥200 亿元	200 亿元＞资产总额≥50 亿元	资产总额＜50 亿元
证券业金融机构	资产总额＜1000 亿元	1000 亿元＞资产总额≥100 亿元	100 亿元＞资产总额≥10 亿元	资产总额＜10 亿元
保险业金融机构	资产总额＜5000 亿元	5000 亿元＞资产总额≥400 亿元	400 亿元＞资产总额≥20 亿元	资产总额＜20 亿元
信托公司	资产总额＜1000 亿元	1000 亿元＞资产总额≥400 亿元	400 亿元＞资产总额≥20 亿元	资产总额＜20 亿元
金融控股公司	资产总额＜40000 亿元	40000 亿元＞资产总额≥5000 亿元	5000 亿元＞资产总额≥50 亿元	资产总额＜50 亿元
除贷款公司、小额贷款公司、典当行以外的其他金融机构	资产总额＜1000 亿元	1000 亿元＞资产总额≥200 亿元	200 亿元＞资产总额≥50 亿元	资产总额＜50 亿元

对于《中小企业划型标准规定》和《金融业企业划型标准规定》所列行业以外的纳税人，以及《中小企业划型标准规定》和《金融业企业划型标准规定》所列行业但未采用营业收入指标或资产总额指标划型确定的纳税人，按以下方法确定：

微型企业：增值税销售额（年）100 万元以下（不含 100 万元）；

小型企业：增值税销售额（年）2000 万元以下（不含 2000 万元）；

中型企业：增值税销售额（年）1亿元以下（不含1亿元）；

大型企业，是指除上述中型企业、小型企业和微型企业外的其他企业。

关于企业规模的划型标准有哪些划分原则？

目前，相关部门对外公布的划型标准主要有两个：一是由人民银行等5部门发布的《金融业企业划型标准规定》，按照“资产总额”这1项指标对金融业企业进行划型；二是工信部等四部委发布的《中小企业划型标准规定》，采用“营业收入”“资产总额”和“从业人员”（注意：留抵退税中划型口径不包括“从业人员”）三个指标中的一个或两个指标组合，分别对16类行业进行划型，另有“教育”“卫生”等6类行业未纳入该划型标准，6类行业未纳入该划型标准具体标准按照14号公告执行。

企业规模的划型标准中资产总额、营业收入的确认标准是什么？

（1）资产总额指标按照纳税人上一会计年度年末值确定。

（2）营业收入指标按照纳税人上一会计年度增值税销售额确定。

增值税销售额，包括纳税申报销售额、稽查查补销售额、纳税评估调整销售额。适用增值税差额征税政策的，以差额后的销售额确定。

不满一个会计年度的，按照以下公式计算：

增值税销售额（年）=上一会计年度企业实际存续期间增值税销售额/企业实际存续月数×12

《中小企业划型标准规定》中的划型指标应如何确认？

《中小企业划型标准规定》在划型指标的适用上，有的需要同时满足两个指标，有的只需要满足其中一个指标即可，纳税人应根据其所处不同国民经济行业适用相应的划型指标。同时，还应当注意划型标准表述中“且”与“或”的关系。

【案例】根据《中小企业划型标准规定》，建筑业企业营业收入80000万元以下或资产总额80000万元以下的为中小微型企业。其中，营业收入6000万元及以上，且资产总额5000万元及以上的为中型企业；营业收入300万元及以上，且资产总额300万元及以上的为小型企业；营业收入300万元以下或资产总额300万元以下的为微型企业。

某建筑企业（一般纳税人）营业收入1000万元，上一会计年度年末资产总额280万元，则属于微型企业。

适用留抵退税政策划型时如何确定行业归属？

财政部、税务总局公告2022年第21号规定，按照14号公告第六条规定适用《中小企业划型标准规定》和《金融业企业划型标准规定》时，纳税人的行业归属，根据《国民经济行业分类》关于以主要经济活动确定行业归属的原则，以上一会计年度从事《国民经济行业分类》对应业务增值税销售额占全部增值税销售额比重最高的行业确定。

【案例】某混业经营纳税人2022年7月申请办理留抵退税，其上一会计年度（2021年1月1日至2021年12月31日）增值税销售额500万元，其中，提供建筑服务销售额200万元，提供工程设备租赁服务销售额150万元，外购并销售建筑材料等货物销售额150万元。该纳税人“建筑业”对应业务的增值税销售额占比为40%；“租赁和商务服务业”对应业务的增值税销售额占比为30%；“批发和零售业”对应业务的增值税销售额占比为30%。因其“建筑业”对应业务的销售额占比最高，在适用小微企业划型标准时，应按照《中小企业划型标准规定》规定的建筑业的划型标准判断该企业是否为小微企业。

如何确定企业是否属于制造业、批发零售业等行业？

14号公告规定，制造业、批发零售业等行业企业是指从事《国民经济行业分类》中“批发和零售业”“农、林、牧、渔业”“住宿和餐饮业”“居民服务、修理和其他服务业”“教育”“卫生和社会工作”“文化、体育和娱乐业”“制造业”“科学研究和技术服务业”“电力、热力、燃气及水生产和供应业”“软件和信息技术服务业”“生态保护和环境治理业”和“交通运输、仓储和邮政业”业务相应发生的增值税销售额占全部增值税销售额的比重超过50%的纳税人。

因此，对于适用制造业、批发零售业等13个行业留抵退税政策纳税人的确定，延续了此前先进制造业留抵退税政策“从主”适用原则，按照纳税人的主营业务来判断纳税人是否满足行业相关条件，而非以纳税人登记的行业确定。也就是说，只要纳税人从事制造业、批发零售业等13个行业业务相应发生的增值税销售额合计占全部增值税销售额的比重超过50%，即符合制造业、批发零售业等13个行业的主体条件。

制造业、批发零售业等行业纳税人从事多项业务时，如何计算销售额的比重?

如果一个纳税人从事包括制造业、批发零售业等行业在内的多项业务时，应以相关业务增值税销售额加总计算销售额占比，从而确定是否属于制造业、批发零售业等行业纳税人。其中销售额比重根据纳税人申请退税前连续12个月的销售额计算确定。需要大家注意的是，在计算销售额占比时，计算公式的分子为13个行业项下增值税销售额的合计数。

【案例1】某纳税人2021年7月至2022年6月期间共取得增值税销售额1000万元，其中：生产并销售机器设备销售额300万元，外购并批发办公用品销售额200万元，租赁设备销售额250万元，提供文化服务销售额150万元，提供建筑服务销售额100万元。该纳税人2021年7月至2022年6月期间发生的制造业、批发零售业等行业销售额占比为65%［(300+200+150)÷1000×100%］。因此，该纳税人当期属于制造业、批发零售业等行业纳税人。

【案例2】某纳税人2021年5月至2022年4月期间共取得增值税销售额1000万元，其中：生产销售设备销售额300万元，提供交通运输服务销售额300万元，提供建筑服务销售额400万元(符合条件差额后的销售额360万元)。该纳税人2021年5月至2022年4月期间发生的制造业、批发零售业等行业销售额占比为62.5%［(300+300)÷(300+300+360)］。因此，该纳税人当期属于制造业、批发零售业等行业纳税人。

登记的行业信息不属于制造业、批发零售业等13个行业可否享受留抵退税？

根据14号公告规定，可以享受本次留抵退税新政策的是从事制造业、批发零售业等13类增值税销售收入占全部增值税销售收入比重超过50%的纳税人。因此，对于纳税人13类收入占比超过50%，但纳税人登记的行业信息不属于这13个行业的，特别是13个行业中某类收入为该纳税人各类收入的最高值时，建议纳税人及时按规定办理行业登记信息变更。

先进制造业留抵退税政策还执行吗？

自2022年4月1日起，先进制造业增量留抵退税政策扩大到制造业等六个行业，并对存量留抵税额实施退税，该政策已经完全覆盖了此前的先进制造业增量留抵退税政策。因此，2022年4月1日起，先进制造业增量留抵退税政策同时停止执行。

申请留抵退税还需要符合哪些条件？

办理小微企业及制造业、批发零售业等行业留抵退税的纳税人，需同时符合以下条件：

（1）纳税信用等级为A级或B级；

（2）申请退税前36个月未发生骗取留抵退税、骗取出口退税或虚开增值税专用发票情形；

（3）申请退税前36个月未因偷税被税务机关处罚两次及以上；

（4）2019年4月1日起未享受即征即退、先征后返（退）政策。

需要注意三个问题：第一，小微企业留抵退税政策和制造业、批发零售业等行业留抵退税政策均适用上述4项条件，其中小微企业仅在2022年12月31日前适用；第二，增量留抵退税政策和存量留抵退税政策均适用上述4项条件；第三，根据《财政部　税务总局　海关总署关于深化增值税改革有关政策的公告》（财政部　税务总局　海关总署公告2019年第39号）规定，适用普遍性留抵退税政策的纳税人，除需同时符合上述4项条件外，须同时满足“连续六个月增量留抵税额大于零，且第六个月不低于50万元”的退税门槛。

纳税信用等级应如何确定？

纳税人申请享受留抵退税政策，以纳税人提交《退（抵）税申请表》时的纳税信用等级判断是否符合条件。

适用增值税一般计税方法的个体工商户，可自愿向主管税务机关申请参照企业纳税信用评价指标和评价方式参加评价，并在以后的存续期内适用国家税务总局纳税信用管理相关规定。对于已按照省税务机关公布的纳税信用管理办法参加纳税信用评价的，也可选择沿用原纳税信用级别，符合条件的可申请办理留抵退税。

当前纳税信用级别不是A级或B级，还有机会享受增值税留抵退税政策吗？

税务机关于每年4月发布上一年度的纳税信用评价结果。当前纳税信用级别不是A级或B级的纳税人，在下一年度发布的纳税信用评价中，达到纳税信用A级或B级的，可在级别达标后按照新的纳税信用级别确定是否符合申请留抵退税条件。

2021年度纳税信用评价结果若不再是A级或B级，之前已经按规定申请办理的留抵退税是否需要退回？

纳税人申请增值税留抵退税，以纳税人向主管税务机关提交《退（抵）税申请表》时的纳税信用级别确定是否符合申请留抵退税条件。已完成退税的纳税信用A级或B级纳税人，因纳税信用年度评价、动态调整等原因，纳税信用级别不再是A级或B级的，其已取得的留抵退税款不需要退回。

如何计算允许退还的留抵税额？

允许退换的留抵税额计算公式如下：

允许退还的增量留抵税额 = 增量留抵税额 × 进项构成比例 ×100%

允许退还的存量留抵税额 = 存量留抵税额 × 进项构成比例 ×100%

什么是存量留抵税额？

存量留抵税额，是指留抵退税制度实施前纳税人形成的留抵税额。

（1）纳税人获得一次性存量留抵退税前，当期期末留抵税额大于或等于2019年3月31日期末留抵税额的，存量留抵税额为2019年3月31日期末留抵税额；当期期末留抵税额小于2019年3月31日期末留抵税额的，存量留抵税额为当期期末留抵税额。

（2）纳税人获得一次性存量留抵退税后，存量留抵税额为零。

【案例】某微型企业2019年3月31日的期末留抵税额为100万元，2022年4月申请一次性存量留抵退税时，如果当期期末留抵税额为120万元，则该纳税人的存量留抵税额为100万元；如果当期期末留抵税额为80万元，则该纳税人的存量留抵税额为80万元。该纳税人在4月获得存量留抵退税后，将再无存量留抵税额。

另外，如果是2019年4月1日以后新设立的纳税人，2019年3月31日的留抵税额为零，因此其存量留抵税额为零。

什么是增量留抵税额？

增量留抵税额，是指留抵退税制度实施后，即2019年4月1日以后纳税人新增加的留抵税额。

（1）纳税人获得一次性存量留抵退税前，增量留抵税额为当期期末留抵税额与2019年3月31日相比新增加的留抵税额。

（2）纳税人获得一次性存量留抵退税后，增量留抵税额为当期期末留抵税额。

【案例】某纳税人2019年3月31日的期末留抵税额为100万元，2022年7月31日的期末留抵税额为120万元，在8月纳税申报期申请增量留抵退税时，如果此前未获得一次性存量留抵退税，该纳税人的增量留抵税额为20万元（120－100）；如果此前已获得一次性存量留抵退税，该纳税人的增量留抵税额为120万元。

另外，如果是2019年4月1日以后新设立的纳税人，2019年3月31日的留抵税额为零，因此其增量留抵税额即当期的期末留抵税额。

进项构成比例如何计算？

进项构成比例为2019年4月至申请退税前一税款所属期

已抵扣的增值税专用发票（含带有“增值税专用发票”字样全面数字化的电子发票、税控机动车销售统一发票）、收费公路通行费增值税电子普通发票、海关进口增值税专用缴款书、解缴税款完税凭证注明的增值税额占同期全部已抵扣进项税额的比重。

$$\text{进项构成比例}=\frac{\begin{array}{l}\text{2019年4月至申请退税前一税款所属期已抵扣的增值税专用发票（含}\\\text{带有“增值税专用发票”字样全面数字化的电子发票、税控机动车销}\\\text{售统一发票）、收费公路通行费增值税电子普通发票、海关进口增值}\\\text{税专用缴款书、解缴税款完税凭证注明的增值税额}\end{array}}{\text{同期全部已抵扣进项税额}}\times 100\%$$

在计算进项构成比例时，是否需要对进项税额转出部分进行调整？

为减轻纳税人退税核算负担，在计算进项构成比例时，纳税人在上述计算期间内发生的进项税额转出部分无需扣减。

【案例】某制造业纳税人2019年4月至2022年3月取得的进项税额中，包括：增值税专用发票上注明的增值税额500万元，道路通行费电子普通发票注明的增值税额100万元，海关进口增值税专用缴款书注明的增值税额200万元，农产品收购发票抵扣进项税额200万元。2021年12月，该纳税人因发生非正常损失，此前已抵扣的增值税专用发票中，有50万元进项税额按规定作进项税额转出。该纳税人2022年4月按照规定申请留抵退税时，进项构成比例为：(500 + 100 + 200) ÷ (500 + 100 + 200 + 200) × 100% = 80%。转出的进项税额 50 万元，在上述计算公式的分子、分母中均无需扣减。

需要提醒的是，农产品收购发票等不在分子中的进项，如果按照政策规定不能抵扣，应在申报时转出且不计入分母。如上例中，发生非正常损失需进项税额转出的是农产品收购发票，对应进项在计算进项构成比例时不计入分母，则进项构成比例为 100%。

还需要提醒的是，通过电子税务局提交《退（抵）税申请表》的，进项构成比例在申报时会在后台自动计算。

【案例】 A 单位 2019 年 4 月至申请退税前一税款所属期全部已抵扣的进项税额 200 万元，包括已抵扣的增值税专用发票和收费公路通行费增值税电子普通发票注明的增值税额 180 万元，已抵扣的海关进口增值税专用缴款书注明的增值税额 6 万元，已抵扣的解缴税款完税凭证注明的增值税额 8 万元，则《退（抵）税申请表》（部分）见表 1 – 3。

表 1 – 3　　退（抵）税申请表（部分）　　单位：万元

留抵退税计算	2019 年 4 月至申请退税前一税款所属期	已抵扣的增值税专用发票和收费公路通行费增值税电子普通发票注明的增值税额	180
		已抵扣的海关进口增值税专用缴款书注明的增值税额	6
		已抵扣的解缴税款完税凭证注明的增值税额	8
		全部已抵扣的进项税额	200
		进项构成比例	0.97

如何申请办理留抵退税？

纳税人申请留抵退税，应在规定的留抵退税申请期间，完成当期增值税纳税申报后，通过电子税务局或办税服务厅提交《退（抵）税申请表》。

2022年纳税人应在何时申请办理留抵退税？

2022年增值税期末留抵退税政策，区分增量和存量，聚焦关键时间节点，实行梯次分步退税。具体时间安排见表1－4。

表1－4　2022年纳税人办理留抵退税的时间

纳税人类型	增量留抵退税	存量留抵退税
微型企业（所有行业）	2022年4月1日起	2022年4月1日起
小型企业（所有行业）	2022年4月1日起	2022年5月1日起
中型企业（制造业等行业）	2022年4月1日起	2022年5月1日起
大型企业（制造业等行业）	2022年4月1日起	2022年6月1日起
批发零售业等行业企业	2022年7月1日起	2022年7月1日起

（1）关于增量留抵退税。符合条件的小微企业和制造业等行业企业，均可以自2022年4月纳税申报期起向主管税务机关按月申请退还增量留抵税额；符合条件的批发零售业等行业企业，可以自2022年7月纳税申报期起向主管税务机关申请退还增量留抵税额。

（2）关于存量留抵退税。微型企业、小型企业、中型企业（制造业等行业）和大型企业（制造业等行业），分别可以自2022年4月、5月、5月和6月纳税申报期起按月申请退还存量留抵税额；符合条件的批发零售业等行业企业，可以自2022年7月纳税申报期起向主管税务机关申请一次性退还存量留抵税额。

纳税人应在增值税纳税申报期内申请留抵退税；同时，考虑到2022年留抵退税涉及众多小微企业等市场主体，为更好地服务纳税人，2022年4—7月申请留抵退税的时间已从纳税申报期内延长至每月的最后一个工作日。自2022年8月开始，申请留抵退税的时间恢复为增值税纳税申报期内，具体见表1－5。

表1－5　2022年纳税人办理留抵退税申请期限

申报月份	增值税纳税申报期限	留抵退税申请期限
4月	4月20日	4月29日
5月	5月19日	5月31日
6月	6月20日	6月30日
7月	7月15日	7月29日
8月	8月15日	8月15日
9月	9月20日	9月20日
10月	10月25日	10月25日
11月	11月15日	11月15日
12月	12月15日	12月15日

需要注意的是，延长4—7月留抵退税申请时间的规定，不仅适用于2022年发布的留抵退税新政策，同时也适用于继续实施的老政策。

申请留抵退税前是否需要完成当期的增值税纳税申报?

纳税人在申请留抵退税前，应先完成当期的增值税纳税申报。

可同时申请存量留抵退税和增量留抵退税吗?

存量留抵退税和增量留抵退税申请时间存在一定差异，为避免给纳税人造成不必要负担，如果符合规定的退税申请时间，纳税人可以同时申请存量留抵退税和增量留抵退税。比如，微型企业在2022年4月既可以申请存量留抵退税，也可以申请增量留抵退税。因此，微型企业在4月完成当期增值税纳税申报后，只需要向主管税务机关提交一次退税申请，即可同时申请存量留抵退税和增量留抵退税。

存量留抵退税当期未申请的，以后纳税申报期还可以申请吗?

2022年4月、5月、5月、6月，分别为微型、小型、中型、大型企业申请一次性存量留抵退税的起始时间，纳税人在当期未申请的，以后纳税申报期也可以按规定申请。比如，微型企业可以自2022年4月纳税申报期起申请存量留抵退税，如果4月和5月都未申请，6月及以后也可以提出退税申请。

可同时申请办理留抵退税、免抵退税吗?

纳税人出口货物劳务、发生跨境应税行为，适用免抵退税办法的，应先办理免抵退税。当期可申报免抵退税的出口销售额为零的，应办理免抵退税零申报。免抵退税办理完毕后，仍符合规定条件的，可以申请退还留抵税额；适用免退税办法的，相关进项税额不得用于退还留抵税额。

可同时申请办理留抵退税、即征即退或先征后返（退）税吗?

纳税人自2019年4月1日起已取得留抵退税款的，不得再申请享受增值税即征即退、先征后返（退）政策。纳税人可以在2022年10月31日前一次性将已取得的留抵退税款全部缴回后，按规定申请享受增值税即征即退、先征后返（退）政策。

能否重新选择留抵退税、即征即退或先征后返（退）税?

此次留抵退税力度加大后，可能有此前选择享受即征即退、先征后返（退）的纳税人，希望重新选择留抵退税；同时也有纳税人在申请留抵退税时未考虑全面，希望给予重新选择享受即征即退、先征后返（退）的机会。针对上述情况，纳税人可以在2022年10月31日前一次性将已取得的留抵退税款全部缴回后，按规定申请享受增值税即征即退、先征后返（退）政策。纳税人自2019年4月1日起已享受增值税即征即退、先征后返（退）政策的，可以在2022年10月31日前一次性将已退还的增值税即征即退、先征后返（退）税款全部缴回后，按规定申请退还留抵税额。

这里需要注意两点，第一，纳税人需在2022年10月31日前完成全部已退税款的缴回。第二，纳税人必须在将需缴回的留抵退税款全部解缴入库以后，才能转入进项税额继续抵扣；未全部缴回入库的，不得转入继续抵扣。

如何办理缴回留抵退税，需要向税务机关提交哪些资料?

纳税人按照规定，需要申请缴回已退还的全部留抵退税款的，可通过电子税务局或办税服务厅提交《缴回留抵退税申请表》。

税务机关应自受理之日起5个工作日内，依申请向纳税人出具留抵退税款缴回的《税务事项通知书》。

纳税人在缴回已退还的全部留抵退税款后，办理增值税纳税申报时，将缴回的全部退税款在《增值税及附加税费申报表附列资料（二）》（本期进项税额明细）第22栏“上期留抵税额退税”填写负数，并可继续按规定抵扣进项税额。

纳税人在一次性缴回全部留抵退税款后，可在办理增值税纳税申报时，相应调增期末留抵税额，并可继续用于进项税额抵扣。

【案例】某纳税人在2019年4月1日后，陆续获得留抵退税100万元。因纳税人想要选择适用增值税即征即退政策，于2022年4月3日向税务机关申请缴回留抵退税款，4月5日，留抵退税款100万元已全部缴回入库。该纳税人在4月10日办理2022年3月（税款所属期）的增值税纳税申报时，可在《增值税纳税申报表附列资料（二）》（本期进项税额明细）第22栏“上期留抵税额退税”填写“－100万元”，将已缴回的100万元留抵退税款调增期末留抵税额，并用于当期或以后期间继续抵扣。

一次性申请缴回留抵退税或即征即退，是否只能申请一次？

14号公告规定，纳税人可以在2022年10月31日前一次性将已取得的留抵退税款全部缴回后，按规定申请享受增值税即征即退、先征后返（退）政策。纳税人自2019年4月1日起已享受增值税即征即退、先征后返（退）政策的，可以在2022年10月31日前一次性将已取得的增值税即征即退、先征后返（退）税款全部缴回后，按规定申请留抵退税。

上述规定中的一次性全部缴回，是指纳税人在2022年10月31日前缴回相关退税款的次数为一次。

取得留抵退税后应如何处理？

纳税人取得退还的留抵税额后，应相应调减当期留抵税额，在下个申报期申报时填入《增值税及附加税费申报表（一般纳税人适用）》附表二第22栏“上期留抵税额退税”，并在会计核算中予以反映。

如果发现纳税人存在留抵退税政策适用有误的情形，纳税人应在下个纳税申报期结束前缴回相关留抵退税款。

以虚增进项、虚假申报或其他欺骗手段，骗取留抵退税款的，由税务机关追缴其骗取的退税款，并按照《税收征收管理法》等有关规定处理。

如果不属于小微企业或制造业、批发零售业等行业，是否还能申请留抵退税政策？

除小微企业、制造业、批发零售业等行业企业以外的其他纳税人，可继续按照《财政部　税务总局　海关总署关于深化增值税改革有关政策的公告》（财政部　税务总局　海关总署公告2019年第39号）的规定申请退还增量留抵税额，其中，“进项构成比例”的相关规定，按照14号公告执行。

税务机关办理留抵退税有哪些环节，具体规定是什么？

（1）核准留抵退税环节。

税务机关受理纳税人的留抵退税申请后，将按规定进行退税审核，并根据不同情形出具审核结果。第一种情形是，纳税人符合全部退税条件，且未发现任何风险疑点及未处理事项，准予留抵退税。第二种情形是，纳税人不符合留抵退税的一项或多项条件的，不予留抵退税。第三种情形是，虽然纳税人符合留抵退税条件，但存在风险疑点或相关未处理事项的，将暂停办理留抵退税，并对相关风险疑点进行排查，对未处理事项进行处理。处理完毕后，再按规定继续办理留抵退税。

（2）开具税收收入退还书环节。

当税务机关作出准予退税的决定后，将相应开具税收收入退还书，并发送给同级国库部门。

（3）税款退库环节。

国库部门收到税务机关发送的税收收入退还书后，按规定进行退库审核，审核通过后，将退税款退付到纳税人指定的账户上。

留抵退税额能否从附加税费计税依据中扣除？

根据《财政部　税务总局关于城市维护建设税计税依据确定办法等事项的公告》（财政部　税务总局公告2021年第28号）和《国家税务总局关于城市维护建设税征收管理有关事项的公告》（国家税务总局公告2021年第26号）规定，纳税人自收到留抵退税额之日起，应当在下一个纳税申报期从城市维护建设税计税依据中扣除。留抵退税额仅允许在按照增值税一般计税方法确定的城市维护建设税计税依据中扣除。当期未扣除完的余额，在以后纳税申报期按规定继续扣除。

教育费附加、地方教育附加计征依据与城市维护建设税计税依据一致。

【案例1】 甲公司符合2022年留抵退税条件，4月取得退还增值税留抵税额60万元，5月应申报缴纳增值税税款 90 万元，则该公司 5 月应缴纳的附加税费的计税（征）依据中，可扣除 4 月已退还的增值税留抵税额。假设甲公司城市建设维护税适用税率为 7%、教育费附加费和地方教育附加的适用征收率分别为 3% 和 2%，则该公司 5 月应缴纳的附加税费为：

应缴纳城市建设维护税 =（90 - 60）×7% = 2.1（万元）

应缴纳教育费附加 =（90 - 60）×3% = 0.9（万元）

应缴纳地方教育附加 =（90 - 60）×2% = 0.6（万元）

【案例 2】 某增值税一般纳税人（城市维护建设税税率为 5%），2022 年 9 月应缴纳增值税 100 万元，包括按照一般计税方法的 70 万元，和按照简易计税方法的 30 万元，9 月收到增值税留抵退税 50 万元，那么该企业在 10 月申报期应申报的城市维护建设税如下。

留抵退税额仅允许在按照增值税一般计税方法确定的城市维护建设税计税依据中扣除。

本期城市维护建设税计税依据 =（70 - 50）+ 30 = 50（万元）

应纳城市维护建设税 = 50 × 5% = 2.5（万元）

【案例 3】 某增值税一般纳税人（城市维护建设税税率为 5%），2022 年 8 月应缴纳增值税 60 万元，包括按照一般计税方法的 40 万元，和按照简易计税方法的 20 万元，8 月收到增值税留抵退税 50 万元，那么企业在 9 月申报期应申报的城市维护建设税如下。

留抵退税额仅允许在按照增值税一般计税方法确定的城市维护建设税计税依据中扣除，当期未扣除完的余额，可在以后纳税申报期继续扣除。

本期城市维护建设税计税依据 =（40 - 40）+20 = 20（万元）

应纳城市维护建设税 =20×5% =1（万元）

尚余10万元留抵退税可结转至以后申报期在城市维护建设税计税依据中扣除。

退还的增值税存量、增量留抵税额是否需要计入企业收入缴纳企业所得税？

退还的增值税存量、增量留抵税额不需要计入收入总额，都不需要缴纳企业所得税。

增值税期末留抵退税的会计处理是否适用《增值税会计处理规定》？

增值税一般纳税人应当根据《增值税会计处理规定》的相关规定对上述增值税期末留抵退税业务进行会计处理，经税务机关核准的允许退还的增值税期末留抵税额，以及缴回的已退还的留抵退税款项，应当通过“应交税费——增值税留抵税额”明细科目进行核算。纳税人在税务机关准予留抵退税时，按税务机关核准允许退还的留抵税额，借记“应交税费——增值税留抵税额”科目，贷记“应交税费——应交增值税（进项税额转出）”科目；在实际收到留抵退税款项时，按收到留抵退税款项的金额，借记“银行存款”科目，贷记“应交税费——增值税留抵税额”科目。纳税人将已退还的留抵退税款项缴回并继续按规定抵扣进项税额时，按缴回留抵退税款项的金额，借记“应交税费——应交增值税（进项税额）”科目，贷记“应交税费——增值税留抵税额”科目，同时借记“应交税费——增值税留抵税额”科目，贷记“银行存款”科目。

1.2 增值税小规模纳税人阶段性免征增值税政策

1.2.1 政策概述

1.2.1.1 具体政策

自2022年4月1日至2022年12月31日，增值税小规模纳税人（以下简称小规模纳税人）适用3%征收率的应税销售收入，免征增值税；适用3%预征率的预缴增值税项目，暂停预缴增值税。

1.2.1.2 适用范围

小规模纳税人。

1.2.1.3 适用条件

1. 小规模纳税人适用3%征收率应税销售收入。

2. 小规模纳税人适用3%预征率的预缴增值税项目。

1.2.1.4 注意事项

《财政部 税务总局关于延续实施应对疫情部分税费优惠政策的公告》（财政部 税务总局公告2021年第7号）第一条规定的税收优惠政策，即小规模纳税人适用3%征收率的应税销售收入，减按1%征收率征收增值税政策，执行期限从2021年12月31日延长至2022年3月31日。

1.2.1.5 执行期限

2022年4月1日至2022年12月31日。

1.2.1.6 政策依据

1.《财政部　税务总局关于对增值税小规模纳税人免征增值税的公告》(财政部　税务总局公告2022年第15号)

2.《国家税务总局关于小规模纳税人免征增值税等征收管理事项的公告》(国家税务总局公告2022年第6号)

增值税小规模纳税人阶段性免征增值税政策导图，可扫描右侧二维码查看。

1.2.2 实务答疑

小规模纳税人免征增值税政策主要内容是什么?

1. 2022年3月，财政部、税务总局发布的《关于对增值税小规模纳税人免征增值税的公告》(财政部　税务总局公告2022年第15号，以下简称15号公告）中明确，自2022年4月1日至2022年12月31日，小规模纳税人适用3%征收率的应税销售收入，免征增值税；适用3%预征率的预缴增值税项目，暂停预缴增值税。同日，国家税务总局还发布了《关于小规模纳税人免征增值税等征收管理事项的公告》(国家税务总局公告2022年第6号，以下简称6号公告)，对小规模纳税人免征增值税新政策的相关征管问题进行明确，主要包括如何正确开具发票、正确填写申报表，转登记纳税人“待抵扣进项税额”的处理，以及税控设备使用等问题。

2. 2021年3月，财政部、税务总局发布的《关于明确增值税小规模纳税人免征增值税政策的公告》（财政部　税务总局公告 2021 年第 11 号）和《国家税务总局关于小规模纳税人免征增值税征管问题的公告》（国家税务总局公告 2021 年第 5 号）中明确，自 2021 年 4 月 1 日至 2022 年 12 月 31 日，小规模纳税人发生增值税应税销售行为，合计月销售额未超过 15 万元（以 1 个季度为 1 个纳税期的，季度销售额未超过 45 万元，下同）的，免征增值税。

小规模纳税人发生增值税应税销售行为，合计月销售额超过 15 万元，但扣除本期发生的销售不动产的销售额后未超过 15 万元的，其销售货物、劳务、服务、无形资产取得的销售额免征增值税。

2022 年小规模纳税人税收优惠的主要内容是什么？

2022 年，小规模纳税人适用 3% 征收率的应税销售收入和适用 3% 预征率的预缴增值税项目，可以享受的增值税税收优惠分为两段，如表 1－6 所示。

表 1－6　　2022 年小规模纳税人可享受的税收优惠

纳税义务发生时间	适用 3% 征收率的应税销售收入	适用 3% 预征率的预缴增值税项目
2022 年 1 月 1 日至 3 月 31 日	减按 1% 征收率征收增值税	减按 1% 预征率预缴增值税
2022 年 4 月 1 日至 12 月 31 日	免征增值税	暂停预缴增值税

【案例】某小规模纳税人于 2022 年 3 月 30 日销售钢材获得销售收入 48 万元，增值税纳税义务发生时间为 2022 年 3 月 30 日，可适用减按 1% 征收率缴纳增值税，

按规定开具了1%征收率的增值税专用发票；2022年4月20日销售钢材获得销售收入50万元，增值税纳税义务发生时间为2022年4月20日，可适用免征增值税政策，按规定开具了免税的增值税普通发票。

小规模纳税人征收率由3%降为1%的政策执行到什么时候？

根据《财政部　税务总局关于支持个体工商户复工复业增值税政策的公告》(财政部　税务总局公告2020年第13号)规定，自2020年3月1日至5月31日，对湖北省增值税小规模纳税人，适用3%征收率的应税销售收入，免征增值税；适用3%预征率的预缴增值税项目，暂停预缴增值税。除湖北省外，其他省、自治区、直辖市的小规模纳税人，适用3%征收率的应税销售收入，减按1%征收率征收增值税；适用3%预征率的预缴增值税项目，减按1%预征率预缴增值税。

根据《财政部　税务总局关于延长小规模纳税人减免增值税政策执行期限的公告》(财政部　税务总局公告2020年第24号）规定，《财政部　税务总局关于支持个体工商户复工复业增值税政策的公告》(财政部　税务总局公告2020年第13号）规定的税收优惠政策实施期限延长到2020年12月31日。

根据《财政部　税务总局关于延续实施应对疫情部分税费优惠政策的公告》(财政部　税务总局公告2021年第7号)第一条规定，《财政部　税务总局关于支持个体工商户复工复业增值税政策的公告》(财政部　税务总局公告2020年第13号）规定的税收优惠政策，执行期限延长至2021年12月31日。其中，自2021年4月1日至2021年12月31日，湖北省小规模纳税人适用3%征收率的应税销售收入，减按1%征收率征收增值税；适用3%预征率的预缴增值税项目，减按1%预征率预缴增值税。

根据15号公告规定，《财政部 税务总局关于延续实施应对疫情部分税费优惠政策的公告》（财政部 税务总局公告2021年第7号）第一条规定的税收优惠政策，执行期限延长至2022年3月31日。

2022年4月1日以后小规模纳税人还能开具1%征收率的发票吗?

6号公告明确，小规模纳税人取得应税销售收入，纳税义务发生时间在2022年3月31日前，已按3%或者1%征收率开具增值税发票，发生销售折让、中止或者退回等情形需要开具红字发票的，应按照对应征收率开具红字发票；开票有误需要重新开具的，应按照对应征收率开具红字发票，再重新开具正确的蓝字发票。

也就是说，小规模纳税人2022年4月1日后并非完全不能开具1%征收率的发票，如果是纳税义务发生时间在2022年3月31日前的业务，仍应按照当时规定的征收率，开具相应的发票。

【案例1】某小规模纳税人，有一笔纳税义务发生时间在2021年12月1日的应税销售收入，适用3%征收率，已经依照减按1%征收的优惠政策缴纳税款并开具1%征收率发票，但由于将购买方名称填写错误被购买方拒收，需要重新开具发票。4月1日之后，该公司应当按照1%征收率开具红字发票，再按照1%征收率重新开具正确的蓝字发票。

【案例2】某小规模纳税人，有一笔纳税义务发生时间在2021年11月10日的应税销售收入，适用3%征收率，已经依照减按1%征收的优惠政策缴纳税款并开具1%征收率发票。2022年4月发生退货，则该公司应当按照1%征收率开具红字发票；如果2021年11月10日该公司是按3%征收政策缴纳税款并开具3%征收率增值税专用发票，则2022年4月发生退货，该公司应当按照3%征收率开具红字增值税专用发票。

【案例3】某小规模纳税人（按季度申报），有一笔纳税义务发生时间在2022年3月10日的应税销售收入，适用3%征收率，既未开具发票，也未在2022年4月申报一季度增值税时申报该笔收入，4月25日，应购买方要求开具增值税专用发票，由于该笔销售收入的纳税义务发生时间为2022年第一季度，则仍应按1%减征政策申报缴纳增值税，并开具1%征收率发票，同时还将按规定加收税收滞纳金。

个体工商户能否适用小规模纳税人免征增值税政策？

15号公告明确，此项政策适用主体是小规模纳税人，因此不区分企业（含合伙企业）、个体工商户或其他个人，只要属于小规模纳税人、取得适用3%征收率的应税销售收入的，均可适用政策。

自然人能否适用小规模纳税人免征增值税政策？

15号公告明确，此项政策适用主体是小规模纳税人。

根据《增值税暂行条例》第一条规定，在中华人民共和国境内销售货物或者加工、修理修配劳务，销售服务、无形资产、不动产以及进口货物的单位和个人，为增值税的纳税人，应当依照规定缴纳增值税；第十三条规定，小规模纳税人以外的纳税人应向主管税务机关办理登记。

《增值税暂行条例实施细则》第九条第二款规定，《增值税暂行条例》第一条所称个人，是指个体工商户和其他个人；第二十九条规定，年应税销售额超过小规模纳税人标准的其他个人按小规模纳税人纳税。

《增值税一般纳税人登记管理办法》第二条规定，增值税纳税人，年应税销售额超过财政部、国家税务总局规定的小规模纳税人标准的，除该办法第四条规定外，应当向主管税务机关办理一般纳税人登记；第四条第（二）项规定，年应税销售额超过规定标准的其他个人，不办理一般纳税人登记。

《国家税务总局关于增值税一般纳税人登记管理若干事项的公告》（国家税务总局公告 2018 年第 6 号）第三条规定，《增值税一般纳税人登记管理办法》第四条第（二）项所称的“其他个人”是指自然人。

综上，自然人取得适用 3% 征收率的应税销售收入的，也可适用小规模纳税人免征增值税政策。例如，某自然人于 2022 年 4 月提供咨询服务取得的 1 万元收入，适用 3% 的征收率，可以享受免征增值税政策，可到税务机关代开免税普通发票。

一般纳税人能否适用征收率 3% 免征增值税或 3% 预征率暂停预缴增值税政策？

一般纳税人不能适用此政策，无论是免税政策还是暂停预缴政策，一般纳税人均不适用。

适用3%征收率的销售收入是否均可以享受免税政策？

15号公告明确，自2022年4月1日至2022年12月31日，增值税小规模纳税人适用3%征收率的应税销售收入，免征增值税。具体来说：

（1）小规模纳税人大多数业务均适用3%征收率。这里需要注意前期已有的一些减征政策，例如：销售自己使用过的固定资产按照简易计税方法依3%的征收率减按2%征收增值税；二手车经销按照简易计税方法依3%的征收率减按0.5%征收增值税；提供劳务派遣服务、安保服务，以及转让2016年4月30日前取得的土地使用权等业务，既可选择适用简易计税方法按照3%征收率全额缴纳增值税，也可以差额计税按照5%的征收率计算缴纳增值税。对于这些业务，小规模纳税人既可以选择适用免税政策，开具免税增值税普通发票；也可以仍适用原减征或差额征税政策，按照减征或5%的征收率开具增值税专用发票并计算缴纳税款。

（2）小规模纳税人适用5%征收率的应税销售收入，主要有销售不动产、出租不动产，以及劳务派遣、安保服务等已选择5%差额缴纳增值税等业务，在2022年4月1日至12月31日间，若不符合《国家税务总局关于小规模纳税人免征增值税征管问题的公告》（国家税务总局公告2021年第5号）规定的，合计销售额符合月销售额15万元以下免税政策口径，不能享受免税政策，仍应按照相关规定计算缴纳增值税。

小规模纳税人征收率适用范围具体见相关问题。

小规模纳税人享受3%征收率销售收入的免征增值税政策与享受月销售额15万元以下的免征增值税政策有哪些区别与联系？

小规模纳税人月销售额未超过15万元（以1个季度为1个纳税期的，季度销售额未超过45万元）免征增值税的政策（以下简称15万元以下免税），与其适用3%征收率的应税销售收入免征增值税的政策（以下简称3%征收率免税）并不矛盾，政策仍然有效且按现行口径继续执行。

具体来说，如果小规模纳税人取得的所有应税销售收入均适用3%征收率，则不受月销售额15万元（或季度销售额45万元）限制，可以全部享受免税政策。如果小规模纳税人取得的应税销售收入中含有适用5%征收率的，若合计销售额符合15万元以下免税政策口径［见《国家税务总局关于小规模纳税人免征增值税征管问题的公告》（国家税务总局公告2021年第5号）］，则仍可以享受免税；若合计销售额不符合15万元以下免税政策口径，则适用3%征收率的销售收入可以享受免税，适用5%征收率的销售收入需要按照现行政策规定计算缴纳增值税。

【案例1】某按季申报的小规模纳税人，2022年第二季度销售货物取得销售收入30万元，对外出租房屋收取租金10万元，均已开具增值税普通发票。不考虑其他情况，由于纳税人季度销售额未超过45万元，适用15万元以下免税的政策，即销售货物收入30万元和出租房屋收入10万元都免征增值税。

【案例2】某按季申报的小规模纳税人，2022年第二季度销售货物取得销售收入50万元，对外出租房屋收取租金10万元，均已开具增值税普通发票。不考虑其他情况，由于纳税人季度销售额超过45万元，不适用15万元以下免税政策，应适用3%征收率免税的政策，即销售货物收入50万元免征增值税，出租房屋收入10万元按规定缴纳增值税。

小规模纳税人享受3%征收率免征政策的时间期限是什么？

小规模纳税人取得适用3%征收率的应税销售收入是否适用免税政策，应根据纳税人取得应税销售收入的纳税义务发生时间进行判断。纳税人取得适用3%征收率的销售收入，只有纳税义务发生时间在2022年4月1日至12月31日的，方可适用免税政策；若纳税义务发生时间在2022年3月31日前的，则应按照此前相关政策规定执行。

【案例】甲建筑企业为小规模纳税人，提供了一项建筑服务，该项目于2020年4月完工。该企业被工程发包方从应支付的工程款中扣押了质押金和保证金，且未开具发票。2022年5月20日，甲公司收回了质押金和保证金共计60万元，则纳税义务发生时间为2022年5月20日，适用免征增值税政策。

注：《国家税务总局关于在境外提供建筑服务等有关问题的公告》（国家税务总局公告2016年第69号）第四条规定，纳税人提供建筑服务，被工程发包方从应支付的工程款中扣押的质押金、保证金，未开具发票的，以纳税人实际收到质押金、保证金的当天为纳税义务发生时间。

小规模纳税人是否可以部分放弃免税？

小规模纳税人不涉及进项税额抵扣问题，可以根据实际经营情况和下游企业抵扣要求，对自己取得的适用3%征收率的应税销售收入，部分享受免税政策，部分放弃免税并开具增值税专用发票。

纳税人放弃免税无需提供书面声明材料，在开具3%等征收率发票时，系统会记录纳税人未开具免税发票的原因。

【案例】 一家制造业企业是小规模纳税人，全部销售额均为销售货物所取得，适用3%征收率。2022年4月，企业取得销售额80万元，其中30万元按下游企业要求开具增值税专用发票，另外的50万元下游企业无特殊要求。该公司可以针对30万元收入放弃免税，开具征收率为3%的增值税专用发票，按规定计算缴纳0.9万元增值税；其余的50万元销售收入仍可以享受免征增值税政策，开具免税普通发票。

小规模纳税人享受免税政策应如何开具发票？

根据《增值税暂行条例》第二十一条规定，纳税人发生应税销售行为适用免税规定的，不得开具增值税专用发票。据此，6号公告第一条明确，小规模纳税人取得适用3%征收率应税销售收入免征增值税的，应按规定开具免税普通发票，不得开具增值税专用发票。

需要注意的是，小规模纳税人应开具税率栏次标注“免税”的普通发票，而不要选择3%、1%、0等征收率。

小规模纳税人放弃免税应如何正确开具增值税专用发票？

按照6号公告第一条规定，增值税小规模纳税人取得适用

3%征收率的应税销售收入，可以选择放弃免税，开具增值税专用发票。如果纳税人选择放弃免税，对部分或者全部应税销售收入开具增值税专用发票的，应当开具征收率为3%的增值税专用发票，并按规定计算缴纳增值税。

【案例1】按季申报的小规模纳税人，2022年第二季度销售货物取得不含税销售收入28万元，出租商铺取得不含税收入12万元，不考虑其他情况。

（1）如全部开具3%、5%征收率或标注“免税”普通发票，由于季度销售额未超过45万元，适用月销售额15万元以下免税政策，全部免征增值税。

（2）如销售收入中开具了10万元3%征收率的增值税专用发票，剩余收入开具增值税普通发票，则该纳税人按规定计算缴纳0.3万元增值税，其余销售收入，仍可以享受免征增值税政策。

【案例2】按季申报的小规模纳税人，2022年第二季度销售货物取得不含税销售额50万元，出租商铺取得不含税收入12万元，不考虑其他情况。

（1）如全部收入均开具增值税普通发票，由于季度销售额超过45万元，不适用月销售额15万元以下免税政策，销售货物收入50万元可以享受免征增值税政策，出租商铺收入12万元不能享受免征增值税政策，应按规定计算缴纳0.6万元增值税。

（2）如销售货物开具了10万元3%征收率的增值税专用发票，剩余的开具增值税普通发票，则按规定销售货物需计算缴纳0.3万元增值税，出租商铺销售额计需算缴纳0.6万元增值税，其余销售收入，仍可以享受免征增值税政策。

2022年4月1日后，小规模纳税人还能否再开具3%征收率的普通发票?

根据《国家税务总局关于小规模纳税人免征增值税等征收管理事项的公告》(国家税务总局公告2022年第6号）第一条规定，小规模纳税人适用3%征收率应税销售收入免征增值税的，应按规定开具免税普通发票。纳税人选择放弃免税并开具增值税专用发票的，应开具征收率为3%的增值税专用发票。2022年4月3日，国家税务总局货物和劳务税司对“小规模纳税人免征增值税政策解读”中对于“小规模纳税人适用免税应如何开具发票”进行了明确，小规模纳税人适用3%征收率应税销售收入免征增值税的，应按规定开具免税普通发票。需要注意的是，小规模纳税人应开具税率栏次标注“免税”的普通发票，而不要选择3%、1%、0等征收率。如果小规模纳税人适用3%和5%等征收率的总月销售额未超过15万元（季度销售额未超过45万元)，开具3%征收率的普通发票，可以享受月销售额15万元以下免税政策。

【案例】 按季申报的小规模纳税人，2022年第二季度销售货物取得销售收入40万元，没有其他免税项目。其中18万元销售额开具3%征收率的普通发票，其余收入开具标注“免税”的普通发票，由于季度销售额未超过45万元，适用月销售额15万元以下免税政策，全部免增值税。

小规模纳税人适用免征增值税的示意图见图1-1:

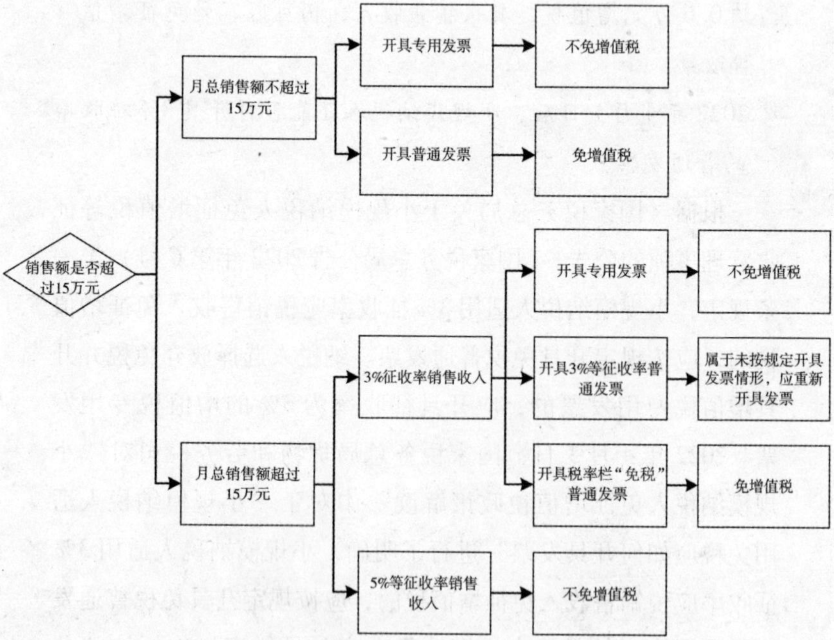

图1-1　小规模纳税人免征增值税示意图

注：图中月总销售额超过15万元含按照季度申报的增值税小规模纳税人季度销售额超过45万元的情形。

批发摩托车的小规模纳税人，在适用3%征收率免征政策时，应当如何开具机动车发票？

批发机动车的小规模纳税人将车辆销售给下游经销商时，按照《机动车发票使用办法》（国家税务总局　工业和信息化部　公安部公告2020年第23号）的规定开具增值税专用发票。

2022年4月1日至2022年12月31日，小规模纳税人在开具机动车发票（增值税专用发票）时，可以选择开具免税的增值税专用发票，也可以选择放弃免税、开具3%征收率的增值税专用发票。如果选择开具免税的增值税专用发票，则购买方不能抵扣增值税进项税额；如果选择放弃免税、开具3%征收率的增值税专用发票，则销售方需按照规定计算缴纳增值税，同时购买方可以正常抵扣增值税进项税额。

零售摩托车的小规模纳税人，能否享受3%征收率免征政策，应如何开具机动车销售统一发票？

15号公告规定，自2022年4月1日至2022年12月31日，小规模纳税人适用3%征收率的应税销售收入，免征增值税。

小规模纳税人零售机动车，可以按上述规定享受免税政策，并开具免税的机动车销售统一发票，相应地，购买方纳税人不能抵扣进项税额；如纳税人选择放弃免税、开具3%征收率的机动车销售统一发票，则购买方可以抵扣进项税额。

小规模纳税人征收率有几档，具体规定是什么？

1. 两档征收率

（1）一般规定：3%征收率

《增值税暂行条例》第十二条规定，小规模纳税人增值税征收率为3%，国务院另有规定的除外。

（2）5%征收率

①销售不动产

小规模纳税人销售其取得（不含自建）的不动产（不含个体工商户销售购买的住房和其他个人销售不动产），应以取得的全部价款和价外费用减去该项不动产购置原价或者取得不动产时的作价后的余额为销售额，按照5%的征收率计算应纳税额。纳税人应按照上述计税方法在不动产所在地预缴税款后，向机构所在地主管税务机关进行纳税申报。

小规模纳税人销售其自建的不动产，应以取得的全部价款和价外费用为销售额，按照5%的征收率计算应纳税额。纳税人应按照上述计税方法在不动产所在地预缴税款后，向机构所在地主管税务机关进行纳税申报。

【政策依据：《财政部　国家税务总局关于全面推开营业税改征增值税试点的通知》（财税〔2016〕36号）附件2第一条第（八）项】

②出租不动产

小规模纳税人出租其取得的不动产（不含个人出租住房），应按照5%的征收率计算应纳税额。纳税人出租与机构所在地不在同一县（市）的不动产，应按照上述计税方法在不动产所在地预缴税款后，向机构所在地主管税务机关进行纳税申报。

【政策依据：《财政部　国家税务总局关于全面推开营业税改征增值税试点的通知》（财税〔2016〕36号）附件2第一条第（九）项第4点】

③房地产开发企业销售自行开发的房地产项目

房地产开发企业中的小规模纳税人，销售自行开发的房地产项目，按照5%的征收率计税。

【政策依据：《财政部　国家税务总局关于全面推开营业税改征增值税试点的通知》（财税〔2016〕36号）附件2第一条第（八）项第8点】

④劳务派遣服务

小规模纳税人提供劳务派遣服务，选择差额纳税的，以取得的全部价款和价外费用，扣除代用工单位支付给劳务派遣员工的工资、福利和为其办理社会保险及住房公积金后的余额为销售额，按照简易计税方法依5%的征收率计算缴纳增值税。

【政策依据：《财政部　国家税务总局关于进一步明确全面推开营改增试点有关劳务派遣服务、收费公路通行费抵扣等政策的通知》（财税〔2016〕47号）第一条第二款】

⑤安全保护服务

纳税人提供安全保护服务，比照劳务派遣服务政策执行。

【政策依据：《财政部　国家税务总局关于进一步明确全面推开营改增试点有关再保险、不动产租赁和非学历教育等政策的通知》（财税〔2016〕68号）第四条】

⑥转让2016年4月30日前取得的土地使用权

可以选择适用简易计税方法，以取得的全部价款和价外费用减去取得该土地使用权的原价后的余额为销售额，按照5%的征收率计算缴纳增值税。

【政策依据：《财政部　国家税务总局关于进一步明确全面推开营改增试点有关劳务派遣服务、收费公路通行费抵扣等政策的通知》（财税〔2016〕47号）第三条第（二）项第二款】

2. 四项减征政策

（1）3%征收率减按2%征收

①小规模纳税人（除其他个人外，下同）销售自己使用过的固定资产，减按2%征收率征收增值税。

小规模纳税人销售自己使用过的除固定资产以外的物品，应按3%的征收率征收增值税。

小规模纳税人销售旧货，按照简易办法依3%征收率减按2%征收。

所称旧货，是指进入二次流通的具有部分使用价值的货物（含旧汽车、旧摩托车和旧游艇），但不包括自己使用过的物品。

【政策依据：《财政部　国家税务总局关于部分货物适用增值税低税率和简易办法征收增值税政策的通知》（财税〔2009〕9号）第二条第（一）项第2点】

②纳税人销售自己使用过的固定资产，适用简易办法依照3%征收率减按2%征收增值税政策的，可以放弃减税，按照简易办法依照3%征收率缴纳增值税，并可以开具增值税专用发票。

【政策依据：《国家税务总局关于增值税简易征收政策有关管理问题的通知》（国税函〔2009〕90号）第二条】

（2）5%征收率减按1.5%征收

小规模纳税人出租不动产，按照以下规定缴纳增值税：个体工商户出租住房，按照5%的征收率减按1.5%计算应纳税额。不动产所在地与机构所在地不在同一县（市、区）的，纳税人应按照上述计税方法向不动产所在地主管税务机关预缴税款，向机构所在地主管税务机关申报纳税。不动产所在地与机构所在地在同一县（市、区）的，纳税人应向机构所在地主管税务机关申报纳税。

其他个人出租住房，按照5%的征收率减按1.5%计算应纳税额，向不动产所在地主管税务机关申报纳税。

【政策依据：《国家税务总局关于发布〈纳税人提供不动产经营租赁服务增值税征收管理暂行办法〉的公告》（国家税务总局公告 2016 年第 16 号）第四条】

（3）3% 征收率减按 1% 征收

小规模纳税人适用 3% 征收率的应税销售收入，减按 1% 征收率征收增值税；适用 3% 预征率的预缴增值税项目，减按 1% 预征率预缴增值税，执行期限延长至 2022 年 3 月 31 日。

【政策依据：《财政部　税务总局关于对增值税小规模纳税人免征增值税的公告》（财政部　税务总局公告 2022 年第 15 号）】

（4）3% 征收率减按 0.5% 征收

自 2020 年 5 月 1 日至 2023 年 12 月 31 日，从事二手车经销业务的纳税人销售其收购的二手车，按以下规定执行：

纳税人减按 0.5% 征收率征收增值税，并按下列公式计算销售额：

销售额 = 含税销售额 ÷（1 + 0.5%）

纳税人应当开具二手车销售统一发票。购买方索取增值税专用发票的，应当再开具征收率为 0.5% 的增值税专用发票。

小规模纳税人在办理增值税纳税申报时，减按 0.5% 征收率征收增值税的销售额，应当填写在《增值税纳税申报表（小规模纳税人适用）》“应征增值税不含税销售额（3% 征收率）”相应栏次；对应减征的增值税应纳税额，按销售额的 2.5% 计算填写在《增值税纳税申报表（小规模纳税人适用）》“本期应纳税额减征额”及《增值税减免税申报明细表》减税项目相应栏次。

【政策依据：《国家税务总局关于明确二手车经销等若干增值税征管问题的公告》（国家税务总局公告 2020 年第 9 号）】

小规模纳税人暂停预缴增值税政策有销售额限制吗？

2022 年 4 月 1 日以前，根据《国家税务总局关于小规模纳税人免征增值税征管问题的公告》（国家税务总局公告 2021 年第 5 号）规定，按照现行规定应当预缴增值税税款的小规模纳税人，凡在预缴地实现的月销售额未超过 15 万元（季销售额未超过 45 万元）的，当期无需预缴税款；自 2022 年 4 月 1 日至 2022 年 12 月 31 日，不管销售额是否超过 15 万元（季销售额未超过 45 万元），小规模纳税人适用 3% 预征率的预缴增值税项目，按照 15 号公告暂停预缴增值税。

【案例】一家建筑企业属于按季度申报的小规模纳税人，2022 年第二季度取得建筑服务预收款 60 万元。由于小规模纳税人提供建筑服务适用 3% 征收率，因此不需要就第二季度取得的预收款预缴增值税。如该企业在外地开展建筑施工业务，则从 4 月 1 日开始也无须在外地预缴增值税。

一般纳税人发生适用 3% 预征率的预缴增值税项目能否暂停预缴增值税？

不能。一般纳税人发生的预缴项目，均不得适用 15 号公告规定，需按规定预缴增值税。例如某建筑企业是增值税一般纳税人，则不得暂停预缴。

小规模纳税人所有项目都可以享受暂停预缴增值税吗？

不是。小规模纳税人发生适用 5% 征收率的应税行为对应的预缴增值税项目，不适用15号公告，均需按规定预缴增值税，包括异地预缴和预收款预缴。

【案例1】某房地产开发企业为小规模纳税人，销售自行开发的房地产项目取得预收款，因房地产销售适用5%征收率，因此，该小规模纳税人不适用15号公告，须按规定预缴增值税。

【案例2】某小规模纳税人出租异地不动产，因适用5%征收率，不得享受暂停预缴政策，仍需按规定异地预缴增值税。

需要提醒的是，小规模纳税人发生适用5%征收率的应税行为对应的预缴增值税项目，也有可以适用的暂停预缴政策，具体按照《国家税务总局关于小规模纳税人免征增值税征管问题的公告》（国家税务总局公告2021年第5号）的规定，“小规模纳税人发生增值税应税销售行为，合计月销售额未超过15万元（以1个季度为1个纳税期的，季度销售额未超过45万元）的，免征增值税。按照现行规定应当预缴增值税税款的小规模纳税人，凡在预缴地实现的月销售额未超过15万元的，当期无需预缴税款”，判断是否需要预缴税款。

小规模纳税人预征率有几档，具体规定是什么？

增值税预征规定，除了已有的经过审批同意的增值税汇总缴纳企业，根据审批结果，先对分支机构按照一定方法就地预征增值税，再由总机构汇总缴纳外，更多地是针对营改增后的房地产和建筑业两大特殊行业，以及销售和出租异地不动产、土地使用权等特定业务。其目的是均衡入库税款、预防欠缴税款和平衡地方财政利益。

1. 3%预征率

(1) 建筑服务

①小规模纳税人跨县（市、区）提供建筑服务的，需要按照工程项目分别计算应预缴税款，向建筑服务发生地主管税务机关预缴税款，向机构所在地主管税务机关纳税申报。

应预缴税款 =（全部价款和价外费用 - 支付的分包款）÷（1 + 3%）× 3%

【政策依据：《国家税务总局关于发布〈纳税人跨县（市、区）提供建筑服务增值税征收管理暂行办法〉的公告》（国家税务总局公告2016年第17号）】

②纳税人提供建筑服务取得预收款，应在收到预收款时，以取得的预收款扣除支付的分包款后的余额，按照规定的预征率预缴增值税。适用一般计税方法计税的项目预征率为2%，适用简易计税方法计税的项目预征率为3%。

按照现行规定应在建筑服务发生地预缴增值税的项目，纳税人收到预收款时在建筑服务发生地预缴增值税。按照现行规定无需在建筑服务发生地预缴增值税的项目，纳税人收到预收款时在机构所在地预缴增值税。

【政策依据：《财政部　税务总局关于建筑服务等营改增试点政策的通知》（财税〔2017〕58号）】

③纳税人在同一地级行政区范围内跨县（市、区）提供建筑服务，不适用《纳税人跨县（市、区）提供建筑服务增值税征收管理暂行办法》（国家税务总局公告2016年第17号发布）。

【政策依据：《国家税务总局关于进一步明确营改增有关

征管问题的公告》(国家税务总局公告2017年第11号)】

(2) 房地产开发企业

房地产开发企业中的小规模纳税人，采取预收款方式销售所开发的房地产项目，应在收到预收款时按照3%的预征率预缴增值税。

应预缴税款 = 预收款 ÷ (1 + 5%) × 3%

【政策依据:《国家税务总局关于发布〈房地产开发企业销售自行开发的房地产项目增值税征收管理暂行办法〉的公告》(国家税务总局公告2016年第18号)】

2. 5%预征率

(1) 转让不动产

小规模纳税人转让取得（包括自建）的不动产，除其他个人外发生转让的，均向不动产所在地主管税务机关预缴，向机构所在地主管税务机关申报纳税。

纳税人转让自建的不动产，按照全额预缴:

应预缴税款 = 全部价款和价外费用 ÷ (1 + 5%) × 5%

纳税人转让除自建以外取得的不动产，按照差额预缴:

应预缴税款 = (全部价款和价外费用 - 不动产购置原价或者取得不动产时的作价) ÷ (1 + 5%) × 5%

【政策依据:《国家税务总局关于发布〈纳税人转让不动产增值税征收管理暂行办法〉的公告》(国家税务总局公告2016年第14号)】

(2) 出租不动产

小规模纳税人出租不动产适用简易计税方法的，除个人出租住房外，按照以下公式计算应预缴税款:

应预缴税款＝含税销售额÷（1＋5%）×5%

【政策依据：《国家税务总局关于发布〈纳税人提供不动产经营租赁服务增值税征收管理暂行办法〉的公告》（国家税务总局公告2016年第16号）】

（3）经营租赁土地使用权

纳税人以经营租赁方式将土地出租给他人使用，按照不动产经营租赁服务缴纳增值税。

3. 1.5%预征率

（1）个体工商户出租住房

个体工商户出租住房，按照5%的征收率减按1.5%计算应纳税额。不动产所在地与机构所在地不在同一县（市、区）的，向不动产所在地主管税务机关预缴税款，向机构所在地主管税务机关申报纳税。

（2）其他个人出租住房

其他个人出租住房，按照5%的征收率减按1.5%计算应纳税额，向不动产所在地主管税务机关申报纳税。

【政策依据：《国家税务总局关于发布〈纳税人提供不动产经营租赁服务增值税征收管理暂行办法〉的公告》（国家税务总局公告2016年第16号）】

4. 1%预征率

自2020年3月1日至2022年3月31日，小规模纳税人适用3%征收率的应税销售收入，减按1%征收率征收增值税；适用3%预征率的预缴增值税项目，减按1%预征率预缴增值税。

取得分包免征增值税发票是否影响差额缴纳增值税或预缴增值税？

《营业税改征增值税试点有关事项的规定》（财税〔2016〕36号印发）规定，试点纳税人提供建筑服务适用简易计税方法的，以取得的全部价款和价外费用扣除支付的分包款后的余额为销售额。

一般纳税人跨县（市）提供建筑服务，适用一般计税方法计税的，应以取得的全部价款和价外费用为销售额计算应纳税额。纳税人应以取得的全部价款和价外费用扣除支付的分包款后的余额，按照2%的预征率在建筑服务发生地预缴税款后，向机构所在地主管税务机关进行纳税申报。

《营业税改征增值税试点有关事项的规定》（财税〔2016〕36号印发）规定，从全部价款和价外费用中扣除的价款，应当取得符合法律、行政法规和国家税务总局规定的有效凭证。否则，不得扣除。

（1）支付给境内单位或者个人的款项，以发票为合法有效凭证。

（2）支付给境外单位或者个人的款项，以该单位或者个人的签收单据为合法有效凭证，税务机关对签收单据有疑义的，可以要求其提供境外公证机构的确认证明。

（3）缴纳的税款，以完税凭证为合法有效凭证。

（4）扣除的政府性基金、行政事业性收费或者向政府支付的土地价款，以省级以上（含省级）财政部门监（印）制的财政票据为合法有效凭证。

（5）国家税务总局规定的其他凭证。

纳税人取得的上述凭证属于增值税扣税凭证的，其进项税额不得从销项税额中抵扣。

《国家税务总局关于发布〈纳税人跨县（市、区）提供建筑服务增值税征收管理暂行办法〉的公告》（国家税务总局公告2016年第17号）第五条规定，纳税人跨县（市、区）提供建筑服务，按照以下公式计算应预缴税款：

适用一般计税方法计税的，应预缴税款＝（全部价款和价外费用－支付的分包款）÷（1＋11%）×2%

［注：《财政部　税务总局　海关总署关于深化增值税改革有关政策的公告》（财政部　税务总局　海关总署公告2019年第39号）规定，自2019年4月1日起，建筑服务适用税率11%调整为9%。］

适用简易计税方法计税的，应预缴税款＝（全部价款和价外费用－支付的分包款）÷（1＋3%）×3%

根据上述文件规定，提供建筑服务适用简易计税方法按照差额缴纳增值税，以及跨县（市）提供建筑服务差额预缴增值税，计算基数是含税差额，即“全部价款和价外费用支付的分包款”，所以取得小规模纳税人符合建筑服务分包政策的免征增值税发票，不影响差额缴纳和预缴增值税。

【案例】北京市某建筑企业为小规模纳税人，2022年9月在张家口市提供建筑服务，取得含税销售收入20.6万元，开具征收率为3%的增值税专用发票，同时支付分包款3.09万元，取得增值税免税普通发票。

根据15号公告规定，自2022年4月1日至2022年12月31日，适用3%预征率的预缴增值税项目，暂停预缴增值税。本案例中的小规模纳税人跨区提供建筑服务，不需要在建筑服务发生地张家口市预缴税款。

小规模纳税人适用简易计税方法计税，不含税销售额=（全部价款+价外费用-支付的分包款）÷（1+3%）=（20.6-3.09）÷（1+3%）=17（万元）。

应缴纳增值税税款=不含税销售额×3%=17×3%=0.51（万元）

需要提醒的是，一般纳税人提供适用一般计税方法计税的建筑服务，取得小规模纳税人符合建筑服务分包政策的免征增值税发票，只能在预缴环节差额预缴增值税，不能在计算缴纳增值税时抵扣进项税额。

小规模纳税人享受免征增值税如何申报？

6号公告第三条明确，小规模纳税人发生增值税应税销售行为，合计月销售额未超过15万元（以1个季度为1个纳税期的，季度销售额未超过45万元，下同）的，免征增值税的销售额等项目应当填写在《增值税及附加税费申报表（小规模纳税人适用）》“小微企业免税销售额”或者“未达起征点销售额”相关栏次。

合计月销售额超过15万元的，免征增值税的全部销售额等项目应当填写在《增值税及附加税费申报表（小规模纳税人适用）》“其他免税销售额”栏次及《增值税减免税申报明细表》对应栏次。

【案例】 按季申报的小规模纳税人，2022年第二季度预计取得销售货物收入40万元左右，没有其他免税项目，由于季度销售额未超过45万元，适用月销售额15万元以下免税政策。在增值税纳税申报时，不用选择减免性质代码，如纳税人是企业，将40万元的免税销售额填写在《增值税及附加税费申报表（小规模纳税人适用）》第10栏“小微企业免税销售额”即可；如纳税人是个体工商户，填写在第11栏“未达起征点销售额”，无需填报《增值税减免税申报明细表》。

如果上述纳税人收入不是40万元而是60万元，其他条件相同，则由于季度销售额超过了45万元，应适用3%征收率免征政策。60万元销售额应全部填写在《增值税及附加税费申报表（小规模纳税人适用）》第12栏“其他免税销售额”栏次，同时在《增值税减免税申报明细表》选择减免项目“小规模纳税人3%征收率销售额免征增值税”对应的减免性质代码“01045308”，填写对应免税销售额60万元。

小规模纳税人享受免征增值税，如何进行账务处理？

对于当期直接免征的增值税，企业无须进行账务处理。对于当期直接减免的增值税，企业应当根据《增值税会计处理规定》（财会〔2016〕22号）的相关规定进行会计处理，借记“应交税费——应交增值税（减免税款）”科目，贷记“其他收益”科目。

【案例】某按季申报的小规模纳税人，2022年第二季度取得销售货物收入30万元，对外出租商铺收入10.5万元，均已开具增值税普通发票，不考虑其他情况，由于季度销售额未超过45万元，适用月销售额15万元以下免税政策，即销售货物收入30万元和出租商铺销售额10.5万元都免征增值税，应作如下会计处理：

（1）取得销售货物收入

借：银行存款 300000

贷：主营业务收入 300000

（2）取得商铺租赁收入

借：银行存款 105000

贷：主营业务收入 100000

应交税费——应交增值税 5000

借：应交税费——应交增值税

（减免税款） 5000

贷：其他收益 5000

小规模纳税人享受免征增值税，附加税费如何计算缴纳？

《城市维护建设税法》第二条规定，城市维护建设税以纳税人依法实际缴纳的增值税、消费税税额为计税依据。

另根据《财政部 税务总局关于城市维护建设税计税依据确定办法等事项的公告》（财政部 税务总局公告2021年第28号）规定：

第一，城市维护建设税以纳税人依法实际缴纳的增值税、消费税税额（以下简称两税税额）为计税依据。

依法实际缴纳的两税税额，是指纳税人依照增值税、消费税相关法律法规和税收政策规定计算的应当缴纳的两税税额（不含因进口货物或境外单位和个人向境内销售劳务、服务、无形资产缴纳的两税税额），加上增值税免抵税额，扣除直接减免的两税税额和期末留抵退税退还的增值税税额后的金额。

直接减免的两税税额，是指依照增值税、消费税相关法律法规和税收政策规定，直接减征或免征的两税税额，不包括实行先征后返、先征后退、即征即退办法退还的两税税额。

第二，教育费附加、地方教育附加计征依据与城市维护建设税计税依据一致，按上述第一点规定执行。

综上，小规模纳税人享受免增值税附加税，对应的城市维护建设税、教育费附加及地方教育附加不需要计算缴纳。

一般纳税人转登记小规模纳税人前尚未抵扣的进项税应如何处理？

2018—2020年，国家税务总局连续三年发布相关规定，允许符合条件的一般纳税人选择转登记为小规模纳税人，转登记纳税人尚未申报抵扣的进项税额，以及转登记日当期的期末留抵税额，按规定须计入“应交税费——待抵扣进项税额”，用于对其一般纳税人期间发生的销售折让、退回等涉税事项产生的应纳税额进行追溯调整。

转登记政策已执行到期（截至2020年底），对该科目核算的相关税额应如何处理，6号公告第四条明确规定，因转登记计入“应交税费——待抵扣进项税额”科目核算、截至2022年3月31日的余额，在2022年度可分别计入固定资产、无形资产、投资资产、存货等相关科目，按规定在企业所得税或个人所得税税前扣除，对此前已税前扣除的折旧、摊销不再调整；对无法划分的部分，在2022年度可一次性在企业所得税或个人所得税税前扣除。

1.3 提供公共交通运输服务免征增值税

1.3.1 政策概述

1.3.1.1 具体政策

1. 对纳税人提供公共交通运输服务取得的收入，免征增值税。

2. 公共交通运输服务免征增值税政策沿革：

根据《财政部 税务总局关于支持新型冠状病毒感染的肺炎疫情防控有关税收政策的公告》(财政部 税务总局公告2020年第8号)、《财政部 税务总局关于支持疫情防控保供等税费政策实施期限的公告》(财政部 税务总局公告2020年第28号）和《财政部 税务总局关于延续实施应对疫情部分税费优惠政策的公告》(财政部 税务总局公告2021年第7号）规定，自2020年1月1日至2021年3月31日，对纳税人提供公共交通运输服务、生活服务，以及为居民提供必需生活物资快递收派服务取得的收入，免征增值税。其中公共交通运输服务的具体范围，按照《营业税改征增值税试点有关事项的规定》(财税〔2016〕36号印发）执行。生活服务、快递收派服务的具体范围，按照《销售服务、无形资产、不动产注释》(财税〔2016〕36号印发）执行。

1.3.1.2 适用范围

提供公共交通运输服务的纳税人。

1.3.1.3 适用条件

公共交通运输服务的具体范围，按照《营业税改征增值税试点有关事项的规定》(财税〔2016〕36号印发)执行。

1.3.1.4 注意事项

在政策发布(2022年3月3日)之前已征收入库的按规定应予免征的增值税税款，可抵减纳税人以后月份应缴纳的增值税税款或者办理税款退库。已向购买方开具增值税专用发票的，应将专用发票追回后方可办理免税。

1.3.1.5 执行期限

自2022年1月1日至2022年12月31日。

1.3.1.6 政策依据

《财政部 税务总局关于促进服务业领域困难行业纾困发展有关增值税政策的公告》(财政部 税务总局公告2022年第11号)

1.3.2 实务答疑

公共交通运输服务免征增值税政策内容是什么?

为积极应对新冠肺炎疫情，2020年国家税务总局会同财政部出台了一系列疫情防控税费支持政策，其中包括纳税人提供公共交通运输服务免征增值税政策。随着疫情防控进入常态化阶段后，包括公共交通运输服务免征增值税在内的若干阶段性、临时性支持政策已于2021年3月31日到期停止执行。考虑到公共交通运输行业尚未从疫情中完全恢复过来，目前经营面临较大困难，为帮助企业渡过难关、恢复发展，2022年再次实施公共交通运输服务免征增值税政策。《财政部 税务总局关于促进服务业领域困难行业纾困发展有关增值税政策的公告》(财政部 税务总局公告2022年第11号，以下简称11号公告）第三条明确，自2022年1月1日至2022年12月31日，对纳税人提供公共交通运输服务取得的收入，免征增值税。公共交通运输服务的具体范围，按照《营业税改征增值税试点实施办法》（财税〔2016〕36号印发）执行。

小规模纳税人可以享受公共交通运输服务免征增值税政策优惠吗？

可以。11号公告第三条明确，自2022年1月1日至2022年12月31日，对纳税人提供公共交通运输服务取得的收入免征增值税。公告中并没有对“提供公共交通运输服务取得的收入”的纳税人身份进行条件限制，小规模纳税人和一般纳税人提供公共交通运输服务取得的收入均可免征增值税。

公共交通运输服务的具体范围包括哪些？

11号公告第三条明确，公共交通运输服务的具体范围，按照《营业税改征增值税试点实施办法》（财税〔2016〕36号印发）执行。具体是指：公共交通运输服务，包括轮客渡、公交客运、地铁、城市轻轨、出租车、长途客运、班车。班车，是指按固定路线、固定时间运营并在固定站点停靠的运送旅客的陆路运输服务。

网约车公司提供的客运服务能否享受公共交通运输服务免征增值税政策？

可以。根据2020年2月17日国家税务总局《防控疫情税收优惠政策热点问答（第一期）》明确，依托互联网服务平台、使用符合条件的车辆和驾驶员提供的网络预约出租汽车服务，属于公共交通运输服务的范围。

因此，网约车公司提供网络预约出租车服务取得的收入，可以享受公共交通运输服务免征增值税优惠。

取得为客户公司提供上下班的班车服务收入，是否享受公共交通运输服务免征增值税政策？

可以享受。11号公告第三条规定，自2022年1月1日至2022年12月31日，对纳税人提供公共交通运输服务取得的收入，免征增值税。公共交通运输服务的具体范围，按照《营业税改征增值税试点实施办法》（财税〔2016〕36号印发）执行。

公共交通运输服务，包括轮客渡、公交客运、地铁、城市轻轨、出租车、长途客运、班车。其中，班车，是指按固定路线、固定时间运营并在固定站点停靠的运送旅客的陆路运输服务。

享受公共交通运输服务免征增值税政策如何开具发票？

（1）小规模纳税人

11号公告自2022年1月1日起实施，且由于增值税专用发票具有抵扣功能，如小规模纳税人在公告发布前，已开具了3%或1%征收率的增值税专用发票，将专用发票追回后方可办理免税，否则需要按票面注明的征收率申报计缴增值税。需要注意的是，根据15号公告规定，小规模纳税人纳税义务发生时间在2022年4月1日之后的业务，不能再开具1%征收率的发票。

其他未开具增值税专用发票的公共交通运输服务收入，可以适用11号公告规定的免征增值税政策，且不需要将普通发票追回，可直接进行免税申报。

（2）一般纳税人

11 号公告第三条规定，自 2022 年 1 月 1 日至 2022 年 12 月 31 日，对纳税人提供公共交通运输服务取得的收入，免征增值税。

按照《财政部　税务总局　海关总署关于深化增值税改革有关政策的公告》（财政部　税务总局　海关总署公告 2019 年第 39 号）的规定，纳税人购进国内旅客运输服务，未取得增值税专用发票的，可暂按取得的增值税电子普通发票上注明的税额抵扣进项税额。

由于旅客运输增值税电子普通发票具有抵扣功能，因此，纳税人提供公共交通运输服务，按照 11 号公告规定享受免征增值税政策的，在向客户开具增值税电子普通发票时，应当在税率栏次填写“免税”字样。

【案例】一家从事出租车业务的运输公司，享受公共交通运输服务免征增值税优惠政策，客户要求开具带税率和税额的增值税电子普通发票，该纳税人不可以按照客户要求开具带税率和税额的增值税电子普通发票，应当在开具的增值税电子普通发票税率栏次填写“免税”字样。

接受公共交通运输服务的纳税人如何抵扣进项税额？

根据《财政部　税务总局　海关总署关于深化增值税改革有关政策的公告》（财政部　税务总局　海关总署公告 2019 年第 39 号）第六条规定，纳税人购进国内旅客运输服务，其进项税额允许从销项税额中抵扣。

1. 纳税人未取得增值税专用发票的，暂按照以下规定确定进项税额：

（1）取得增值税电子普通发票的，为发票上注明的税额；

（2）取得注明旅客身份信息的航空运输电子客票行程单的，按照下列公式计算进项税额：

航空旅客运输进项税额 =（票价 + 燃油附加费）÷（1 + 9%）×9%

（3）取得注明旅客身份信息的铁路车票的，按照下列公式计算的进项税额：

铁路旅客运输进项税额 = 票面金额 ÷（1 +9%）×9%

（4）取得注明旅客身份信息的公路、水路等其他客票的，按照下列公式计算进项税额：

公路、水路等其他旅客运输进项税额 = 票面金额 ÷（1 + 3%）×3%

2. 增值税特点之一是凭“票”抵扣进项税额。根据上述政策规定，纳税人确定进项税额时，应根据其接受的国内旅客运输服务抵扣凭证的类别，进行具体分析：

（1）取得增值税专用发票，为发票上注明的税额。

根据 11 号公告规定，纳税人在规定期限内提供公共交通运输服务取得的收入可享受免征增值税优惠，当服务提供方选择享受免税时，不得开具增值税专用发票，因此“接受公共交通运输服务”的纳税人无法取得增值税专用发票，也就不存在凭增值税专用发票抵扣进项税额的问题。

除非提供公共交通运输服务的纳税人放弃免税，按规定开具增值税专用发票，接受公共交通运输服务的纳税人才可凭取得的增值税专用发票抵扣进项税额。

注：根据政策规定，增值税一般纳税人如果选择放弃免

税，需向税务机关递交书面放弃申请，且不得按照不同对象选择性放弃免税，一经放弃，36个月不得再重新申请免税。

（2）取得增值税电子普通发票，为发票上注明的税额

纳税人在规定期限内提供公共交通运输服务取得的收入免征增值税。因此，“接受公共交通运输服务”的纳税人取得税率栏注明为“免税”的增值税电子普通发票，发票上注明的税额为0，可抵扣进项税额也为0元。

除非纳税人提供公共交通运输服务取得的收入放弃免征增值税，并按规定开具正常税率或征收率的增值税电子普通发票，“接受公共交通运输服务”的纳税人才可按规定抵扣进项税额。

（3）取得注明旅客身份信息的铁路车票的，按照下列公式计算可抵扣的进项税额：

铁路旅客运输进项税额 = 票面金额 ÷（1 + 9%）× 9%

根据规定，公共交通运输服务不包括铁路运输，但纳税人取得注明旅客身份信息的铁路车票的，也可按照规定的公式计算抵扣进项税额。

（4）取得注明旅客身份信息的公路、水路等其他客票的，按照下列公式计算可抵扣的进项税额：

公路、水路等其他旅客运输进项税额 = 票面金额 ÷（1 + 3%）× 3%

虽然纳税人在规定期限内提供公共交通运输服务取得的收入免征增值税，但在注明旅客身份信息的公路、水路等其他客票上并不显示“免税”等字样，也就是说，不影响纳税人取得注明旅客身份信息的公路、水路等其他客票计算抵扣进项

税额。

公共交通运输服务免征增值税政策如何衔接?

11号公告已明确，对公共交通运输企业在文件发布之前已缴纳的应予免征的增值税，纳税人可以向税务机关申请退税，或者抵减以后应缴纳增值税款。纳税人如果已向购买方开具增值税专用发票的，应将专用发票追回后才能享受免税。

纳税人享受公共交通运输服务免征增值税政策，如何开具发票及抵扣进项税额?

在11号公告发布之后，纳税人应按照规定开具和使用发票，即纳税人如果享受公共交通运输服务免征增值税，则应按规定开具免税的增值税普通发票，不能开具增值税专用发票。

根据《增值税暂行条例》规定，用于免征增值税项目的进项税额不得抵扣。即，增值税一般纳税人既取得免税收入，又取得应税收入的，如果取得的进项税额专用于免税项目的，则全部不能抵扣；如果取得的进项税额专用于应税项目的，则全部可以抵扣。因此，纳税人如果能够划分清楚免税项目和应税项目所对应的进项税额，则应将增值税进项税额设置明细科目（免税或应税项目）单独核算，以便计算增值税时准确取数。

同时，根据《增值税暂行条例实施细则》规定，一般纳税人兼营免税项目无法划分不得抵扣的进项税额的，按下列公式计算不得抵扣的进项税额：

不得抵扣的进项税额＝当期无法划分的全部进项税额×当期免征增值税项目销售额÷当期全部销售额

还需要提醒一些特殊情况：

（1）纳税人购入不得抵扣进项税额的固定资产、无形资产、不动产，仅指专用于免征增值税项目的固定资产、无形资产、不动产。如果纳税人购入的固定资产、无形资产、不动产兼用于免税项目和应税项目，是可以抵扣的。因为固定资产、无形资产、不动产项目发生兼用情况的较多，且比例难以准确区分。政策选取了有利于纳税人的特殊处理原则。

（2）纳税人租入固定资产、不动产，既用于一般计税方法计税项目，又用于简易计税方法计税项目、免征增值税项目、集体福利或者个人消费的，其进项税额准予从销项税额中全额抵扣。

【政策依据：《财政部　税务总局关于租入固定资产进项税额抵扣等增值税政策的通知》（财税〔2017〕90 号）】

（3）纳税人购进其他权益性无形资产无论是专用于简易计税方法计税项目、免征增值税项目、集体福利或者个人消费，还是兼用于上述不允许抵扣项目，均可以抵扣进项税额。原因是由于其他权益性无形资产涵盖面非常广，往往涉及纳税人生产经营的各个方面，没有具体使用对象。

1.4　航空和铁路运输企业分支机构暂停预缴增值税

1.4.1　政策概述

1.4.1.1　具体政策

航空和铁路运输企业分支机构暂停预缴增值税。

1.4.1.2　适用范围

航空和铁路运输企业分支机构。

1.4.1.3 适用条件

实行总分机构汇总缴纳增值税的航空和铁路运输企业。

1.4.1.4 注意事项

2022年2月纳税申报期至文件发布之日（2022年3月3日）已预缴的增值税予以退还。

1.4.1.5 执行期限

2022年1月1日至2022年12月31日。

1.4.1.6 政策依据

《财政部　税务总局关于促进服务业领域困难行业纾困发展有关增值税政策的公告》（财政部　税务总局公告2022年第11号）

1.4.2 实务答疑

航空和铁路运输企业实行总分机构汇总缴纳增值税具体政策内容是什么？

经财政部和国家税务总局批准，部分航空和铁路运输企业实行总分机构汇总缴纳增值税。具体模式为，分支机构按照一定的预征率向分支机构所在地主管税务机关按月预缴增值税，总机构抵减分支机构已预缴增值税额后，按季向总机构主管税务机关申报缴纳增值税。具体规定见《财政部　国家税务总局关于重新印发〈总分机构试点纳税人增值税计算缴纳暂行办法〉的通知》（财税〔2013〕74号）。

铁路和航空运输企业汇总缴纳增值税分支机构具体名单详见《财政部　税务总局关于调整铁路和航空运输企业汇总缴纳增值税分支机构名单的通知》（财税〔2021〕51号）、《财

政部 国家税务总局关于铁路运输企业汇总缴纳增值税的通知》(财税〔2020〕56号)及《财政部 税务总局关于航空运输企业汇总缴纳增值税总分机构名单的通知》(财税〔2020〕30号)。

航空和铁路运输企业分支机构暂停预缴增值税具体政策内容是什么?

11号公告第二条规定,自2022年1月1日至2022年12月31日,对航空和铁路运输企业分支机构暂停预缴增值税;同时明确,对铁路、航空运输企业2022年2月申报期至文件发布之日已预缴的增值税予以退还。

这项暂停预缴增值税是长期政策吗?

不是。这是一项阶段性支持政策,在政策执行到期后,航空和铁路运输企业分支机构应按规定继续预缴增值税。

暂停预缴增值税期间总机构需要缴纳增值税吗?

需要。11号公告第二条仅仅是规定汇总纳税的分支机构暂停预缴增值税,但是总机构仍需要按规定申报缴纳增值税。

航空和铁路运输企业分支机构取得的所有收入均暂停预缴增值税吗?

不是。对于铁路、航空运输企业汇总纳税范围以外的业务收入,纳税人应继续按规定向主管税务机关申报缴纳增值税。例如,总分支机构销售货物、提供加工修理修配劳务,应按照《增值税暂行条例》及相关规定就地申报缴纳增值税。

1.5 快递收派服务免征增值税政策

1.5.1 政策概述

1.5.1.1 具体政策

纳税人为居民提供必需生活物资快递收派服务取得的收入，免征增值税。

1.5.1.2 适用范围

为居民提供必需生活物资快递收派服务的纳税人。

1.5.1.3 适用条件

为居民提供必需生活物资快递收派服务的纳税人，无论是小规模纳税人还是一般纳税人。

1.5.1.4 注意事项

快递收派服务的具体范围，按照《销售服务、无形资产、不动产注释》（财税〔2016〕36号印发）执行。

收派服务，是指接受寄件人委托，在承诺的时限内完成函件和包裹的收件、分拣、派送服务的业务活动。

收件服务，是指从寄件人收取函件和包裹，并运送到服务提供方同城的集散中心的业务活动。

分拣服务，是指服务提供方在其集散中心对函件和包裹进行归类、分发的业务活动。

派送服务，是指服务提供方从其集散中心将函件和包裹送达同城的收件人的业务活动。

1.5.1.5 执行期限

自2022年5月1日至2022年12月31日。

1.5.1.6 政策依据

《财政部 税务总局关于快递收派服务免征增值税政策的公告》(财政部 税务总局公告2022年第18号)

1.5.2 实务答疑

为居民提供必需生活物资快递收派服务免征增值税政策是新政策吗?

该项政策属于支持疫情防控保供等税费政策。《财政部 税务总局关于支持新型冠状病毒感染的肺炎疫情防控有关税收政策的公告》(财政部 税务总局公告2020年第8号)、《财政部 税务总局关于支持疫情防控保供等税费政策实施期限的公告》(财政部 税务总局公告2020年第28号)和《财政部 税务总局关于延续实施应对疫情部分税费优惠政策的公告》(财政部 税务总局公告2021年第7号)规定,自2020年1月1日起至2021年3月31日,对纳税人提供公共交通运输服务、生活服务,以及为居民提供必需生活物资快递收派服务取得的收入,免征增值税。

《财政部 税务总局关于快递收派服务免征增值税政策的公告》(财政部 税务总局公告2022年第18号,以下简称2022年第18号公告)规定,自2022年5月1日至2022年12月31日,对纳税人为居民提供必需生活物资快递收派服务取得的收入,免征增值税。

只有一般纳税人才能享受为居民提供必需生活物资快递收派服务免征增值税政策吗?

不是。无论是小规模纳税人还是一般纳税人,都可以享受。

只有快递行业才能享受为居民提供必需生活物资快递收派服务免征增值税政策吗？

不是。纳税人为居民提供必需生活物资快递收派服务免征增值税，不受纳税人行业的限制。

能够享受免税的快递收派服务具体包括哪些业务？

2022年第18号公告规定，对纳税人为居民提供必需生活物资快递收派服务取得的收入，免征增值税。快递收派服务的具体范围，按照《销售服务、无形资产、不动产注释》（财税〔2016〕36号印发）规定执行。

为居民提供必需生活物资快递收派服务，是指为居民个人快递货物提供的收派服务。收派服务，是指接受寄件人委托，在承诺的时限内完成函件和包裹的收件、分拣、派送服务的业务活动。

如何理解“为居民提供必需生活物资快递收派服务”？

纳税人直接接受居民个人委托并实际为其提供收派服务，付款方为居民个人的，可以按照2022年第18号公告的规定免征增值税；纳税人不直接接受居民个人委托，而是根据合作协议接受其他快递公司委托提供收派服务，收派服务的收货方为居民个人的，可以按照2022年第18号公告的规定免征增值税。

免征增值税是不是“零申报”？

不是，零申报一般是指当期未发生应税行为。免征增值税需要进行免税申报，需要按照规定“自行判别、申报享受”，需要通过增值税免税申报享受税收优惠。

享受免征增值税能否开具增值税专用发票?

不能。纳税人按规定适用免征增值税政策的，不得开具增值税专用发票，只能开具增值税免税普通发票。

纳税人为居民提供必需生活物资快递收派服务取得的收入免征增值税，是否须缴纳城市维护建设税?

纳税人根据2022年第18号公告有关规定享受免征增值税优惠，相应的城市维护建设税、教育费附加、地方教育附加也免征。

1.6 生产、生活性服务业增值税加计抵减政策

1.6.1 政策概述

1.6.1.1 具体政策

1. 自2019年4月1日至2022年12月31日，允许生产性服务业纳税人按照当期可抵扣进项税额加计10%，抵减应纳税额。

2. 自2019年10月1日至2022年12月31日，允许生活性服务业纳税人按照当期可抵扣进项税额加计15%，抵减应纳税额。

1.6.1.2 适用范围

生产、生活性服务业纳税人。

1.6.1.3 适用条件

1. 所称生产、生活性服务业纳税人，是指提供邮政服务、

电信服务、现代服务、生活服务（以下称四项服务）取得的销售额占全部销售额的比重超过50%的纳税人。四项服务的具体范围按照《销售服务、无形资产、不动产注释》（财税〔2016〕36号印发）执行。

2019年3月31日前设立的纳税人，自2018年4月至2019年3月期间的销售额（经营期不满12个月的，按照实际经营期的销售额）符合规定条件的，自2019年4月1日起适用加计抵减政策。

2019年4月1日后设立的纳税人，自设立之日起3个月的销售额符合规定条件的，自设立之日起3个月的销售额全部为零的，以其取得销售额起3个月的销售情况进行判断。自登记为一般纳税人之日起适用加计抵减政策。

《销售服务、无形资产、不动产注释》（财税〔2016〕36号印发）规定：

邮政服务，是指中国邮政集团公司及其所属邮政企业提供邮件寄递、邮政汇兑和机要通信等邮政基本服务的业务活动。包括邮政普遍服务、邮政特殊服务和其他邮政服务。

电信服务，是指利用有线、无线的电磁系统或者光电系统等各种通信网络资源，提供语音通话服务，传送、发射、接收或者应用图像、短信等电子数据和信息的业务活动。包括基础电信服务和增值电信服务。

现代服务，是指围绕制造业、文化产业、现代物流产业等提供技术性、知识性服务的业务活动。包括研发和技术服务、信息技术服务、文化创意服务、物流辅助服务、租赁服务、鉴证咨询服务、广播影视服务、商务辅助服务和其他现代服务。

生活服务，是指为满足城乡居民日常生活需求提供的各类服务活动。包括文化体育服务、教育医疗服务、旅游娱乐服务、餐饮住宿服务、居民日常服务和其他生活服务。

2. 纳税人应按照现行规定计算一般计税方法下的应纳税额（以下称抵减前的应纳税额）后，区分以下情形加计抵减：

（1）抵减前的一般计税项目应纳税额等于零的，当期可抵减加计抵减额全部结转下期抵减；

（2）抵减前的一般计税项目应纳税额大于零，且大于当期可抵减加计抵减额的，当期可抵减加计抵减额全额从抵减前的应纳税额中抵减；

（3）抵减前的一般计税项目应纳税额大于零，但小于或等于当期可抵减加计抵减额的，以当期可抵减加计抵减额抵减应纳税额至零。未抵减完的当期可抵减加计抵减额，结转下期继续抵减。

3. 政策规定“比重超过50%”不含本数。也就是说，四项服务取得的销售额占全部销售额的比重小于或者正好等于50%的纳税人，不属于生产、生活性服务业纳税人，不能享受加计抵减政策。

1.6.1.4 注意事项

1. 纳税人确定适用加计抵减政策后，当年内不再调整，以后年度是否适用，根据上年度销售额计算确定。

通俗地说，增值税一般纳税人确定适用加计抵减政策后，一个自然年度内不再调整。下一个自然年度，再按照上一年的实际发生的销售额情况重新计算确定是否适用加计抵减政策。

2. 纳税人应按照当期可抵扣进项税额的10%、15%计提当期加计抵减额。

按照现行规定不得从销项税额中抵扣的进项税额，不得计提加计抵减额；已按照10%、15%计提加计抵减额的进项税额，按规定作进项税额转出的，应在进项税额转出当期，相应调减加计抵减额。

计算公式如下：

当期计提加计抵减额 = 当期可抵扣进项税额 × 10%（15%）

当期可抵减加计抵减额 = 上期末加计抵减额余额 + 当期计提加计抵减额 − 当期调减加计抵减额

另外，纳税人可计提但未计提的加计抵减额，可在确定适用加计抵减政策当期一并计提。

3. 纳税人出口货物劳务、发生跨境应税行为不适用加计抵减政策，其对应的进项税额不得计提加计抵减额。

纳税人兼营出口货物劳务、发生跨境应税行为且无法划分不得计提加计抵减额的进项税额，按照以下公式计算：

不得计提加计抵减额的进项税额 = 当期无法划分的全部进项税额 × 当期出口货物劳务和发生跨境应税行为的销售额 ÷ 当期全部销售额

1.6.1.5 执行期限

1. 生产性服务业纳税人按照当期可抵扣进项税额加计10%抵减应纳税额，执行期限自2019年4月1日至2022年12月31日。

2. 生活性服务业纳税人按照当期可抵扣进项税额加计15%抵减应纳税额，执行期限自2019年10月1日至2022年

12 月 31 日。生活性服务业纳税人按照当期可抵扣进项税额加计 10% 抵减应纳税额，执行期限自 2019 年 4 月 1 日至 2019 年 9 月 30 日。

1.6.1.6　政策依据

1.《财政部　税务总局　海关总署关于深化增值税改革有关政策的公告》(财政部　税务总局　海关总署公告 2019 年第 39 号)

2.《国家税务总局关于深化增值税改革有关事项的公告》(国家税务总局公告 2019 年第 14 号)

3.《财政部　税务总局关于明确生活性服务业增值税加计抵减政策的公告》(财政部　税务总局公告 2019 年第 87 号)

4.《财政部　税务总局关于促进服务业领域困难行业纾困发展有关增值税政策的公告》(财政部　税务总局公告 2022 年第 11 号)

生产、生活性服务业增值税加计抵减政策导图，可扫描右侧二维码查看。

1.6.2　实务答疑

加计抵减政策是否只适用于一般纳税人?

由于加计抵减是在已抵扣进项税额基础上的叠加优惠，因此，加计抵减政策只适用于一般纳税人。小规模纳税人即使四项服务销售额占比符合条件，也不能适用加计抵减政策。

同时，只有适用一般计税办法的纳税人才能计提加计抵减额，抵减其一般计税项目的应纳税额。适用简易计税办法的纳税人无法享受该项优惠政策。

需要注意的是，虽然加计抵减政策只适用于一般纳税人，但在确定四项服务主营业务销售额占比时，参与计算的销售额，不仅包括纳税人在登记为一般纳税人以后的销售额，也包括其在小规模纳税人期间的销售额。

【案例】某公司成立于2021年1月，2022年4月登记为一般纳税人，该公司在确定2021年四项服务销售额占比时，应包括其小规模纳税人期间的销售额，即应以2021年1—12月销售额占比，来确认该公司2022年是否适用政策。

计算四项服务销售额占比时，是按照某一项服务的销售额占比还是四项服务合计销售额占比超过50%，来判断是否适用加计抵减政策？

根据财政部、税务总局、海关总署公告2019年第39号第七条第（一）项规定，一般纳税人四项服务销售额占全部销售额的比重超过50%的，可以适用加计抵减政策。这里的"四项服务销售额"，是指四项服务销售额的合计数。因此，存在兼营业务的纳税人，应以四项服务的合计销售额占全部销售额的比重是否超过50%，来判断其是否可以适用加计抵减政策。

对于设立后3个月内仅其中一个月有销售收入的纳税人，应如何判断其能否享受加计抵减政策？

按照现行规定，2019年4月1日后设立的纳税人，按照自设立之日起3个月的销售额计算判断销售额占比。如果该纳税人在设立后仅有一个月有销售收入，则以这一个月的四项服务占比来判断能否享受加计抵减政策。

这里还需要特别注意，如果纳税人设立后的3个月均未实现销售收入的，应当自首次产生销售额当月起连续3个月的销售额来判断能否适用加计抵减政策。

【案例1】 某纳税人2019年5月设立，设立当月即申请登记为增值税一般纳税人，5月、7月均无销售额，6月四项服务销售额为100万元、货物销售额为30万元。则该纳税人应按照5—7月的累计销售情况进行判断，即以100÷（100+30）计算。由于该纳税人四项服务销售额占全部销售额的比重超过50%，因此，可以享受加计抵减政策。

【案例2】 某纳税人2022年1月设立，设立当月即申请登记为增值税一般纳税人，但其在2022年5月才取得第一笔销售收入。其中，5月取得货物销售额30万元，6月销售额为零，7月取得四项服务销售额100万元。则该纳税人5—7月的累计销售额情况进行判断，即以100÷（100+30）计算。由于该纳税人四项服务销售额占全部销售额的比重超过50%，因此，可以享受加计抵减政策。

四项服务销售额占比应基于哪段时期数据确定？

根据现行政策规定，加计抵减政策按年度适用、按年进行动态调整。因此，例如要判断纳税人2022年能否适用加计抵减政策，应根据其2021年度四项服务销售额占比情况计算确定。一经确定，当年不再调整。具体如下：

（1）2021年12月31日前设立的纳税人，如2021年1月至2021年12月期间的四项服务销售额（经营期不满12个月的，按照实际经营期的销售额）占比符合规定条件的，自2022 年 1 月 1 日起适用加计抵减政策。

（2）2022 年 1 月 1 日后设立的纳税人，自设立之日起3 个月的四项服务销售额符合规定条件的，自登记为一般纳税人之日起适用加计抵减政策。

（3）2022 年 1 月 1 日后设立的纳税人，且自设立之日起 3 个月的销售额均为零的纳税人，以首次产生销售额当月起连续 3 个月的销售额确定适用加计抵减政策。

同时符合 10% 和 15% 加计抵减政策条件，能否叠加适用两项政策？

如果纳税人既符合 10% 加计抵减政策条件，也符合 15% 加计抵减政策条件，可以适用优惠力度更大的 15% 加计抵减政策，但不能叠加适用两项政策。

加计抵减额应如何准确计算？

纳税人应按照当期可抵扣进项税额的 10%（或 15%）计提当期加计抵减额。按照现行规定不得从销项税额中抵扣的进项税额，不得计提加计抵减额；对于已计提加计抵减额的进项税额，如按规定已作进项税额转出的，应在进项税额转出当期，相应调减已计提的加计抵减额。计算公式：

当期计提加计抵减额 = 当期可抵扣进项税额 × 10%（15%）

当期可抵减加计抵减额 = 上期末加计抵减额余额 + 当期计提加计抵减额 − 当期调减加计抵减额

简易计税方法的应纳税额能否适用加计抵减政策？

不能。增值税一般纳税人按照简易计税方法计算的应纳税额，不得从加计抵减额中抵减。加计抵减额只能抵减一般计税方法计算的应纳税额。

【案例】某酒店为增值税一般纳税人，2022 年度适用 15% 加计抵减政策。2022 年 1 月，其一般计税项目销项税额为 120 万元，进项税额 100 万元，上期留抵税额 10 万元，上期结转的加计抵减额余额 5 万元；另外，该酒店对外出租房屋适用简易计税的销售额 100 万元（不含增值税税额），征收率 5%，不考虑其他情况：

（1）一般计税项目：抵减前的应纳税额 = 120 - 100 - 10 = 10（万元）

当期可抵减加计抵减额 = 100 × 15% + 5 = 25（万元）

抵减后的应纳税额 = 10 - 10 = 0（万元）

加计抵减额余额 = 25 - 10 = 15（万元）

（2）简易计税项目：应纳税额 = 100 × 5% = 5（万元）

（3）应纳税额合计：一般计税项目应纳税额 + 简易计税项目应纳税额 = 0 + 5 = 5（万元）

是否只有四项服务对应的进项税额才允许加计抵减？

不是。根据财政部、税务总局、海关总署公告 2019 年第 39 号第七条规定，自 2019 年 4 月 1 日至 2021 年 12 月 31 日，允许生产、生活性服务业纳税人按照当期可抵扣进项税额加计 10%（注：2019 年 10 月 1 日起，生活性服务业可按 15% 加计抵减，下同），抵减应纳税额。生产、生活性服务业纳税人，是指提供邮政服务、电信服务、现代服务、生活服务取得的销售额占全部销售额的比重超过 50% 的纳税人。根据上述规定，适用加计抵减政策的纳税人，当期可抵扣进项税额均可以加计

10% 抵减应纳税额，不仅限于提供四项服务对应的进项税额。

需要注意的是，根据财政部、税务总局、海关总署公告2019年第39号第七条第（四）项规定，纳税人出口货物劳务、发生跨境应税行为不适用加计抵减政策，其对应的进项税额不得计提加计抵减额。

允许计提但未计提的加计抵减额，能否进行补计提？

纳税人允许计提但未计提的加计抵减额，可在确定适用加计抵减政策当期一并计提。

【案例】某纳税人于2022年4月设立，2022年5月登记为一般纳税人，若2022年10月起符合条件，可以确定适用加计抵减政策，则该纳税人可以在10月将5—10月的加计抵减额一并计提。

纳税人发生进项税额转出时，是否需要调整已计提的加计扣减额？

按照财政部、税务总局、海关总署公告2019年第39号第七条第（二）项规定，如果发生了进项税额转出，对于已计提加计抵减额的进项税额，纳税人应在进项税额转出当期，相应调减加计抵减额；如果未计提加计抵减额的进项税额，纳税人在进项转出当期，无须调减加计抵减额。

【案例】某一般纳税人公司2022年度适用10%加计抵减政策，该公司2022年7月发生进项税额转出30万元，应转出的进项税额中包括2022年4月已计提加计抵减额的进项税额24万元和2022年7月当月抵扣但未计提加计抵减额的进项税额6万元，则该公司2022年7月需要调减的加计抵减额为前期已加计抵减额的24万元进项税额对应的2.4万元，对于未计提加计抵减的6万元进项税额无须调减。

需要提醒的是，纳税人应将需要调减的加计抵减额，填写在《增值税纳税申报表附列资料（四）》（税额抵减情况表）的第6行第3列“本期调减额”栏次中，同时，对于存在加计抵减计提和调减情形的，不能按照冲减后的余额填报本期发生数。

因取得留抵退税后转出的进项税额，是否需要调整对应的加计抵减额？

企业在办理留抵退税后，对于按规定应转出且已计提过加计抵减额的留抵税额，其对应的加计抵减额无须进行调减；同时，对于按规定应转出但尚未计提加计抵减额的留抵税额，仍可按规定计提，并在后期增值税“应纳税额”中抵减。换句话说，对于按规定已计提或尚未计提的加计抵减额，与纳税人是否办理留抵退税无关。

加计抵减额能否申请留抵退税？

加计抵减政策属于税收优惠，按照纳税人可抵扣的进项税额的10%或15%计算，用于抵减纳税人的应纳税额。但加计抵减额并不是纳税人的进项税额，从加计抵减额的形成机制来看，加计抵减不会形成留抵税额，因而也不能申请留抵退税。

纳税人注销时结余的加计抵减额应如何处理？

根据财政部、税务总局、海关总署公告2019年第39号第七条第（六）项规定，加计抵减政策执行到期后，纳税人不再计提加计抵减额，结余的加计抵减额停止抵减。加计抵减政策执行到期前纳税人注销，结余的加计抵减额同样适用上述规定，不再进行相应处理。需要说明的是，此处加计抵减额的结余，既包括正数也包括负数。

2022 年度如果不符合加计抵减政策，其前期的加计抵减额余额应如何处理？

根据财政部、税务总局、海关总署公告 2019 年第 39 号第七条第（六）项规定，加计抵减政策执行到期后，纳税人不再计提加计抵减额，结余的加计抵减额停止抵减。

《财政部　税务总局关于促进服务业领域困难行业纾困发展有关增值税政策的公告》（财政部　税务总局公告 2022 年第 11 号）规定，《财政部　税务总局　海关总署关于深化增值税改革有关政策的公告》（财政部　税务总局　海关总署公告 2019 年第 39 号）第七条和《财政部　税务总局关于明确生活性服务业增值税加计抵减政策的公告》（财政部　税务总局公告 2019 年第 87 号）规定的生产、生活性服务业增值税加计抵减政策，执行期限延长至 2022 年 12 月 31 日。

根据上述规定，加计抵减额余额可以在 2022 年度内继续抵减。

【案例】某公司（一般纳税人）2021 年适用加计抵减政策，且截至 2021 年底还有 28 万元的加计抵减额余额尚未抵减完。2022 年该公司因经营业务调整不再适用加计抵减政策，其 2021 年未抵减完的 28 万元，仍然可以在 2022 年度继续抵减。

城市维护建设税的计税依据是“应交增值税”扣除加计抵减前的金额还是扣除加计抵减后的金额？

根据《国家税务总局关于城市维护建设税征收管理有关

事项的公告》(国家税务总局公告2021年第26号)第一条规定，城市维护建设税以纳税人依法实际缴纳的增值税、消费税税额为计税依据。

依法实际缴纳的增值税税额，是指纳税人依照增值税相关法律法规和税收政策规定计算应当缴纳的增值税税额，加上增值税免抵税额，扣除直接减免的增值税税额和期末留抵退税退还的增值税税额后的金额。

根据《国家税务总局关于增值税 消费税与附加税费申报表整合有关事项的公告》(国家税务总局公告2021年第20号)附件2《增值税及附加税费申报表(一般纳税人适用)》及其附列资料填写说明规定，第19栏“应纳税额”反映纳税人本期按一般计税方法计算并应缴纳的增值税额。

适用加计抵减政策的纳税人，按以下公式填写：本栏“一般项目”列“本月数” =第11栏“销项税额”“一般项目”列“本月数” –第18栏“实际抵扣税额”“一般项目”列“本月数” –“实际抵减额”；本栏“即征即退项目”列“本月数” =第11栏“销项税额”“即征即退项目”列“本月数” –第18栏“实际抵扣税额”“即征即退项目”列“本月数” –“实际抵减额”。

适用加计抵减政策的纳税人是指，按照规定计提加计抵减额，并可从本期适用一般计税方法计算的应纳税额中抵减的纳税人(下同)。“实际抵减额”是指按照规定可从本期适用一般计税方法计算的应纳税额中抵减的加计抵减额，分别对应《附列资料(四)》第6行“一般项目加计抵减额计算”、第7行“即征即退项目加计抵减额计算”的“本期实际抵减额”列。

根据上述政策规定，一般纳税人增值税应纳税额中已经抵减了进项税额加计部分，即城市维护建设税的计税依据是应交增值税扣除进项税额加计抵减后的金额。

增值税加计抵减的会计核算应如何处理？

2019年4月19日，财政部会计司发布《关于〈关于深化增值税改革有关政策的公告〉适用〈增值税会计处理规定〉有关问题的解读》规定，生产、生活性服务业纳税人取得资产或接受劳务时，应当按照《增值税会计处理规定》的相关规定对增值税相关业务进行会计处理；实际缴纳增值税时，按应纳税额借记“应交税费——未交增值税”等科目，按实际纳税金额贷记“银行存款”科目，按加计抵减的金额贷记“其他收益”科目。

具体会计分录：

借：应交税费——未交增值税等

贷：银行存款

其他收益

1.7 科技企业孵化器、大学科技园和众创空间税收优惠政策

1.7.1 具体政策

对国家级、省级科技企业孵化器、大学科技园和国家备案众创空间自用以及无偿或通过出租等方式提供给在孵对象使用的房产、土地，免征房产税和城镇土地使用税；对其向在孵对

象提供孵化服务取得的收入，免征增值税。

1.7.2 适用范围

国家级、省级科技企业孵化器、大学科技园和国家备案众创空间。

1.7.3 适用条件

1. 国家级、省级科技企业孵化器、大学科技园和国家备案众创空间按相关规定进行认定和备案如下：

（1）科技企业孵化器认定

国家级科技企业孵化器按照《科技部关于印发〈科技企业孵化器管理办法〉的通知》（国科发区〔2018〕300 号）规定认定，具体认证程序在科技部火炬中心官方网站（http：//www. chinatorch. gov. cn/）的“热点直通车”栏目中“科技创业孵化机构信息服务系统”查询。

国科发区〔2018〕300 号文件第六条规定，申请国家级科技企业孵化器应具备以下条件：

①孵化器具有独立法人资格，发展方向明确，具备完善的运营管理体系和孵化服务机制。机构实际注册并运营满 3 年，且至少连续 2 年报送真实完整的统计数据。

②孵化场地集中，可自主支配的孵化场地面积不低于 1 万平方米。其中，在孵企业使用面积（含公共服务面积）占 75% 以上。

③孵化器配备自有种子资金或合作的孵化资金规模不低于 500 万元人民币，获得投融资的在孵企业占比不低于 10%，并

有不少于3个的资金使用案例。

④孵化器拥有职业化的服务队伍，专业孵化服务人员（指具有创业、投融资、企业管理等经验或经过创业服务相关培训的孵化器专职工作人员）占机构总人数80%以上，每10家在孵企业至少配备1名专业孵化服务人员和1名创业导师（指接受科技部门、行业协会或孵化器聘任，能对创业企业、创业者提供专业化、实践性辅导服务的企业家、投资专家、管理咨询专家）。

⑤孵化器在孵企业中已申请专利的企业占在孵企业总数比例不低于50%或拥有有效知识产权的企业占比不低于30%。

⑥孵化器在孵企业不少于50家且每千平方米平均在孵企业不少于3家。

⑦孵化器累计毕业企业应达到20家以上。

另，省级科技企业孵化器按照当地省市级科技发布的管理办法规定认定。

（2）大学科技园

国家级大学科技园按照《科技部　教育部关于印发〈国家大学科技园管理办法〉的通知》（国科发区〔2019〕117号）规定认定。

国科发区〔2019〕117号文件规定，国家大学科技园实行认定管理，申请认定国家大学科技园，应具备以下条件：

①以具有科研优势特色的大学为依托，具有完整的发展规划，发展方向明确。

②具有独立法人资格；实际运营时间在2年以上，管理规范、制度健全，经营状况良好；具有职业化服务团队，经过创

业服务相关培训或具有创业、投融资、企业管理等经验的服务人员数量占总人员数量的80%以上。

③具有边界清晰、布局相对集中、法律关系明确、总面积不低于15000平方米的可自主支配场地；提供给孵化企业使用的场地面积应占科技园可自主支配面积的60%以上；建有众创空间等双创平台。

④园内在孵企业达50家以上，其中30%以上的在孵企业拥有自主发明专利；大学科技园50%以上的企业在技术、成果和人才等方面与依托高校有实质性联系。

⑤能够整合高校和社会化服务资源，依托高校向大学科技园入驻企业提供研发中试、检验检测、信息数据、专业咨询和培训等资源和服务，具有技术转移、知识产权和科技中介等功能或与相关机构建有实质性合作关系。

⑥园内有天使投资和风险投资、融资担保等金融机构入驻，或与相关金融机构建立合作关系，至少有3个以上投资服务案例。

⑦具有专业化的创业导师队伍，在技术研发、商业模式构建、经营管理、资本运作和市场营销等方面提供辅导和培训。

⑧建有高校学生科技创业实习基地，能够提供场地、资金和服务等支持。

⑨举办多元化的活动，每年举办创业沙龙、创业大赛、创业训练营和大学生创业实训等各类创新创业活动。

⑩纳入大学和地方发展规划，已建立与地方协同发展的有效机制。

⑪欠发达地区的大学科技园，上述条件可适当放宽。

另，省级大学科技园按照当地省市级科技、教育部门发布的管理办法规定认定。

（3）国家众创空间备案

《科技部火炬中心关于印发〈国家众创空间备案暂行规定〉的通知》（国科火字〔2017〕120号）规定，申请国家备案众创空间，应同时具备下列条件：

①发展方向明确、模式清晰，具备可持续发展能力。

②应设立专门运营管理机构，原则上应具有独立法人资格。

③运营时间满18个月。

④拥有不低于500平方米的服务场地，或提供不少于30个创业工位。同时须具备公共服务场地和设施。提供的创业工位和公共服务场地面积不低于众创空间总面积的75%。

公共服务场地是指众创空间提供给创业者共享的活动场所，包括公共接待区、项目展示区、会议室、休闲活动区、专业设备区等配套服务场地。公共服务设施包括免费或低成本的互联网接入、公共软件、共享办公设施等基础办公条件。

⑤年协议入驻创业团队和企业不低于20家。

⑥入驻创业团队每年注册成为新企业数不低于10家，或每年有不低于5家获得融资。

⑦每年有不少于3个典型孵化案例。

⑧具备职业孵化服务队伍，至少3名具备专业服务能力的专职人员，聘请至少3名专兼职导师，形成规范化服务流程。

⑨每年开展的创业沙龙、路演、创业大赛、创业教育培训等活动不少于10场次。

⑩按科技部火炬中心要求上报统计数据，且数据真实、

完整。

2. 所称孵化服务是指为在孵对象提供的经纪代理、经营租赁、研发和技术、信息技术、鉴证咨询服务。

3. 所称在孵对象是指符合相关部门发布的认定和管理办法规定的孵化企业、创业团队和个人。

（1）国科发区〔2018〕300号文件第八条规定，国家级科技企业孵化器在孵企业是指具备以下条件的被孵化企业：

①主要从事新技术、新产品的研发、生产和服务，应满足科技型中小企业相关要求。

②企业注册地和主要研发、办公场所须在本孵化器场地内，入驻时成立时间不超过24个月。

③孵化时限原则上不超过48个月。技术领域为生物医药、现代农业、集成电路的企业，孵化时限不超过60个月。

（2）国科发区〔2019〕117号文件规定，国家级大学科技园在孵企业应具备以下条件：

①在孵企业领域应属于《国家重点支持的高新技术领域》规定的范围，企业注册地及主要研发办公场所必须在大学科技园内。

②申请进入大学科技园的企业，需符合《中小企业划型标准规定》所规定的小型、微型企业划分标准。

③企业在大学科技园的孵化时间不超过4年。

④单一在孵企业使用的孵化场地面积不大于1000平方米；从事航空航天、生物医药等特殊领域的单一在孵企业，不大于3000平方米。

⑤企业研发的项目（产品）知识产权界定清晰。

1.7.4 注意事项

1. 国家级、省级科技企业孵化器、大学科技园和国家备案众创空间应当单独核算孵化服务收入。

2. 国家级、省级科技企业孵化器、大学科技园和国家备案众创空间应按规定申报享受免税政策，并将房产土地权属资料、房产原值资料、房产土地租赁合同、孵化协议等留存备查。

3. 2018年12月31日以前认定的国家级科技企业孵化器、大学科技园，自2019年1月1日起享受该免税优惠。2019年1月1日以后认定的国家级、省级科技企业孵化器、大学科技园和国家备案众创空间，自认定之日次月起享受该免税优惠。2019年1月1日以后被取消资格的，自取消资格之日次月起停止享受《财政部　税务总局　科技部　教育部关于科技企业孵化器　大学科技园和众创空间税收政策的通知》（财税〔2018〕120号）规定的税收优惠政策。

【案例】某科技企业孵化器企业于2022年11月被认定为国家级科技企业孵化器，为在孵对象提供经营租赁服务。

（1）假设该企业于2022年11月开具其为在孵对象提供的2023年1月1日至12月31日经营租赁服务的增值税发票，其增值税纳税义务发生时间为2022年11月，自认定之日次月起（即2022年12月起）才能享受为在孵对象提供经营租赁服务免征增值税的优惠，所以上述开具增值税发票应按规定缴纳增值税，不能享受免增值税的优惠政策；

（2）假设该企业于2022年12月开具其为在孵对象提供的2023年1月1日至12月31日经营租赁服务的增值税发票，其增值税纳税义务发生时间为2022年12月，自认定之日次月起（即2022年12月起）可享受为在孵对象提供经营租赁服务免征增值税，则可以按规定享受免征增值税的优惠政策，开具免征增值税的增值税普通发票。

1.7.5　执行期限

自2019年1月1日至2023年12月31日。

1.7.6　政策依据

1.《财政部　税务总局　科技部　教育部关于科技企业孵化器　大学科技园和众创空间税收政策的通知》（财税〔2018〕120号）

2.《财政部　税务总局关于延长部分税收优惠政策执行期限的公告》（财政部　税务总局公告2022年第4号）

科技企业孵化器、大学科技园和众创空间税收优惠政策导图，可扫描右侧二维码查看。

2 企业所得税

2.1 中小微企业设备器具企业所得税税前扣除

2.1.1 政策概述

2.1.1.1 具体政策

中小微企业在2022年1月1日至2022年12月31日期间新购置的设备、器具，单位价值在500万元以上的，按照单位价值的一定比例自愿选择在企业所得税税前扣除。其中，《企业所得税法实施条例》规定最低折旧年限为3年的设备器具，单位价值的100%可在当年一次性税前扣除；最低折旧年限为4年、5年、10年的，单位价值的50%可在当年一次性税前扣除，其余50%按规定在剩余年度计算折旧进行税前扣除。

企业选择适用上述政策当年不足扣除形成的亏损，可在以后5个纳税年度结转弥补，享受其他延长亏损结转年限政策的企业可按现行规定执行。

2.1.1.2 适用范围

中小微企业。

2.1.1.3 适用条件

1. 政策所称中小微企业，是指从事国家非限制和禁止行业，且符合以下条件的企业：

（1）信息传输业、建筑业、租赁和商务服务业：从业人员 2000 人以下，或营业收入 10 亿元以下或资产总额 12 亿元以下；

（2）房地产开发经营：营业收入 20 亿元以下或资产总额 1 亿元以下；

（3）其他行业：从业人员 1000 人以下或营业收入 4 亿元以下。

2. 政策所称设备、器具，是指除房屋、建筑物以外的固定资产。

3. 上述从业人数，包括与企业建立劳动关系的职工人数和企业接受的劳务派遣用工人数。

从业人数和资产总额指标，应按企业全年的季度平均值确定。具体计算公式如下：

季度平均值 =（季初值 + 季末值）÷2

全年季度平均值 = 全年各季度平均值之和 ÷4

年度中间开业或者终止经营活动的，以其实际经营期作为一个纳税年度确定上述相关指标。

2.1.1.4 注意事项

1. 中小微企业标准是指《财政部 税务总局关于中小微企业设备器具所得税税前扣除有关政策的公告》（财政部 税务总局公告 2022 年第 12 号，以下简称 12 号公告）规定的标准。

2. 中小微企业可按季（月）在预缴申报时享受上述政策。12 号公告发布前企业在 2022 年已购置的设备、器具，可在公告发布后的预缴申报、年度汇算清缴时享受。

3. 中小微企业可根据自身生产经营核算需要自行选择享受上述政策，当年度未选择享受的，以后年度不得再变更享受。

2.1.1.5 执行期限

自 2022 年 1 月 1 日至 2022 年 12 月 31 日。

2.1.1.6 政策依据

《财政部　税务总局关于中小微企业设备器具所得税税前扣除有关政策的公告》（财政部　税务总局公告 2022 年第 12 号）

中小微企业设备器具企业所得税税前扣除政策导图，可扫描右侧二维码查看。

2.1.2 实务答疑

享受固定资产缩短折旧年限或加速折旧优惠政策的企业有哪些？

1. 基本规定

根据《企业所得税法实施条例》第三十二条规定，企业的固定资产由于技术进步等原因，确需加速折旧的，可以缩短折旧年限或者采取加速折旧的方法。

根据《企业所得税法实施条例》第九十八条规定，企业所得税法第三十二条所称可以采取缩短折旧年限或者采取加速折旧的方法的固定资产，包括：①由于技术进步，产品更新换代较快的固定资产；②常年处于强震动、高腐蚀状态的固定资产。

采取缩短折旧年限方法的，最低折旧年限不得低于《企业所得税法实施条例》第六十条规定折旧年限的60%；采取加速折旧方法的，可以采取双倍余额递减法或者年数总和法。

2. 软件和集成电路产业

根据《财政部　国家税务总局关于进一步鼓励软件产业和集成电路产业发展企业所得税政策的通知》（财税〔2012〕27号）规定，自2011年1月1日起，软件产业和集成电路产业的企业外购的软件，凡符合固定资产或无形资产确认条件的，可以按照固定资产或无形资产进行核算，其折旧或摊销年限可以适当缩短，最短可为2年（含）。

集成电路生产企业的生产设备，其折旧年限可以适当缩短，最短可为3年（含）。

3. 六大特定行业

根据《财政部　国家税务总局关于完善固定资产加速折旧企业所得税政策的通知》（财税〔2014〕75号）规定，自2014年1月1日起，对生物药品制造业，专用设备制造业，铁路、船舶、航空航天和其他运输设备制造业，计算机、通信和其他电子设备制造业，仪器仪表制造业，信息传输、软件和信息技术服务业等6个行业的企业新购进的固定资产，可缩短折旧年限或采取加速折旧的方法。

对上述6个行业的小型微利企业2014年1月1日后新购进的研发和生产经营共用的仪器、设备，单位价值不超过100万元的，允许一次性计入当期成本费用在计算应纳税所得额时扣除，不再分年度计算折旧；单位价值超过100万元的，可缩短折旧年限或采取加速折旧的方法。

4. 四大领域重点行业

根据《财政部　国家税务总局关于进一步完善固定资产加速折旧企业所得税政策的通知》（财税〔2015〕106号）规定，2015年1月1日起，对轻工、纺织、机械、汽车等四个领域重点行业的企业新购进的固定资产，可由企业选择缩短折旧年限或采取加速折旧的方法。

对上述行业的小型微利企业2015年1月1日后新购进的研发和生产经营共用的仪器、设备，单位价值不超过100万元的，允许一次性计入当期成本费用在计算应纳税所得额时扣除，不再分年度计算折旧；单位价值超过100万元的，可由企业选择缩短折旧年限或采取加速折旧的方法。

5. 全部制造业

根据《财政部　税务总局关于扩大固定资产加速折旧优惠政策适用范围的公告》（财政部　税务总局公告2019年第66号）规定，自2019年1月1日起，适用《财政部　国家税务总局关于完善固定资产加速折旧企业所得税政策的通知》（财税〔2014〕75号）和《财政部　国家税务总局关于进一步完善固定资产加速折旧企业所得税政策的通知》（财税〔2015〕106号）规定固定资产加速折旧优惠的行业范围，扩大至全部制造业领域。

6. 海南自由贸易港

根据《财政部　税务总局关于海南自由贸易港企业所得税优惠政策的通知》（财税〔2020〕31号）规定，自2020年

1月1日起至2024年12月31日，对在海南自由贸易港设立的企业，新购置（含自建、自行开发）固定资产或无形资产，单位价值不超过500万元（含）的，允许一次性计入当期成本费用在计算应纳税所得额时扣除，不再分年度计算折旧和摊销；新购置（含自建、自行开发）固定资产或无形资产，单位价值超过500万元的，可以缩短折旧、摊销年限或采取加速折旧、摊销的方法。

7. 中小微企业

根据《财政部　税务总局关于中小微企业设备器具所得税税前扣除有关政策的公告》（财政部　税务总局公告2022年第12号）规定，中小微企业在2022年1月1日至2022年12月31日期间新购置的设备、器具，单位价值在500万元以上的，按照单位价值的一定比例自愿选择在企业所得税税前扣除。

8. 疫情防控政策

根据《财政部　税务总局关于支持新型冠状病毒感染的肺炎疫情防控有关税收政策的公告》（财政部　税务总局公告2020年第8号）、《财政部　税务总局关于支持疫情防控保供等税费政策实施期限的公告》（财政部　税务总局公告2020年第28号）和《财政部　税务总局关于延续实施应对疫情部分税费优惠政策的公告》（财政部　税务总局公告2021年第7号）规定，自2020年1月1日至2021年3月31日，对疫情防控重点保障物资生产企业为扩大产能新购置的相关设备，允许一次性计入当期成本费用在企业所得税税前扣除。

9. 所有行业

（1）根据《财政部　国家税务总局关于完善固定资产加

速折旧企业所得税政策的通知》（财税〔2014〕75号）规定，对所有行业企业2014年1月1日后新购进的专门用于研发的仪器、设备，单位价值不超过100万元的，允许一次性计入当期成本费用在计算应纳税所得额时扣除，不再分年度计算折旧；单位价值超过100万元的，可缩短折旧年限或采取加速折旧的方法。

对所有行业企业持有的单位价值不超过5000元的固定资产，允许一次性计入当期成本费用在计算应纳税所得额时扣除，不再分年度计算折旧。

（2）根据《财政部　税务总局关于设备　器具扣除有关企业所得税政策的通知》（财税〔2018〕54号）规定，企业在2018年1月1日至2020年12月31日期间新购进的设备、器具，单位价值不超过500万元的，允许一次性计入当期成本费用在计算应纳税所得额时扣除，不再分年度计算折旧；单位价值超过500万元的，仍按《企业所得税法实施条例》、《财政部　国家税务总局关于完善固定资产加速折旧企业所得税政策的通知》（财税〔2014〕75号）、《财政部　国家税务总局关于进一步完善固定资产加速折旧企业所得税政策的通知》（财税〔2015〕106号）等相关规定执行。

（3）根据《财政部　税务总局关于延长部分税收优惠政策执行期限的公告》（财政部　税务总局公告2021年第6号）规定，《财政部　税务总局关于设备　器具扣除有关企业所得税政策的通知》（财税〔2018〕54号）执行期限延长至2023年12月31日。

固定资产加速折旧政策梳理见表2－1。

表 2－1 固定资产加速折旧政策梳理表

适用企业	固定资产类型	单位价值	加速折旧方法	文件依据
基本规定	1. 由于技术进步，产品更新换代较快的固定资产； 2. 常年处于强震动、高腐蚀状态的固定资产	无限制	缩短折旧年限或采用加速折旧方法	《企业所得税法实施条例》
软件和集成电路产业企业	1. 外购的软件； 2. 集成电路生产企业的生产设备	无限制	1. 外购的软件折旧或摊销年限可以适当缩短，最短可为 2 年（含）； 2. 集成电路生产企业的生产设备折旧年限可以适当缩短，最短可为3年（含）	财税〔2012〕27 号
全部制造业与信息传输、软件和信息技术服务业企业	新购进的固定资产	无限制	缩短折旧年限或采用加速折旧方法	财税〔2014〕75 号、财政部 税务总局公告 2019 年第 66 号
中小微企业	2022 年 1 月 1 日至 2022 年 12 月 31 日期间新购置的设备、器具	>500 万元	1. 最低折旧年限为 3 年的，单位价值的 100% 可在当年一次性税前扣除； 2. 最低折旧年限为 4 年、5 年、10 年的，单位价值的 50% 可在当年一次性税前扣除，其余 50% 按规定在剩余年度计算折旧进行税前扣除	财政部 税务总局公告 2022 年第 12 号

续表

适用企业	固定资产类型	单位价值	加速折旧方法	文件依据
海南自由贸易港企业	2020年1月1日至2024年12月31日新购置（含自建、自行开发）固定资产或无形资产	无限制	1. 单位价值不超过500万元（含）的，一次性扣除； 2. 单位价值超过500万元的，可以缩短折旧、摊销年限或采取加速折旧、摊销的方法	财税〔2020〕31号
	持有的固定资产	≤5000元	一次性扣除	财税〔2014〕75号
所有企业	2014年1月1日后新购进专门用于研发的仪器、设备	无限制	1. 单位价值不超过100万元的，可以一次性在计算应纳税所得额时扣除； 2. 单位价值超过100万元的，允许按不低于《企业所得税法》规定折旧年限的60%缩短折旧年限，或选择采取双倍余额递减法或年数总和法进行加速折旧	财税〔2014〕75号
	2018年1月1日至2023年12月31日期间新购进的设备、器具	≤500万元	一次性扣除	财税〔2018〕54号、财政部　税务总局公告2021年第6号

中小微企业如何享受固定资产加速折旧新政策？

12号公告主要对中小微企业进一步给予政策倾斜，明确其在2022年1月1日至12月31日期间购置的单位价值500万元以上的设备器具可按照一定的比例在税前一次性扣除。具体政策为，对《企业所得税法实施条例》规定最低折旧年限为3年的设备器具，单位价值的100%可在当年一次性税前扣除。

【案例1】某中小微企业在2022年2月购进了一项单位价值为510万元的机器，税法规定的最低折旧年限为3年，则该企业可在2022年一次性税前扣除。

对最低折旧年限为4年、5年、10年的设备器具，单位价值的50%可在当年一次性税前扣除，其余50%按规定在剩余年度计算折旧进行税前扣除。需要提醒的是，这种允许设备器具先按一定比例一次性税前扣除的加速折旧是一种新的优惠形式。

【案例2】某中小微企业在2022年2月购进了一台单位价值为900万元的机器，企业按税法规定的最低折旧年限10年计提折旧，则该企业可就单位价值的50%，即450万元，在2022年一次性扣除，其余450万元可在剩余9年中计算折旧进行扣除。

企业适用12号公告需同时满足以下条件：一是属于中小微企业；二是设备器具的购置时间应在2022年1月1日至12月31日期间；三是设备器具的单位价值在500万元以上；四是设备器具应属于政策规定的范围。

中小微企业的界定标准是什么？

中小微企业不同于小型微利企业，具体规定见“2.1.1.3适用条件”。

需要注意的是，中小微企业的判断标准涉及从业人数、资产总额、营业收入3个指标中的2项或3项指标，与现行小型微利企业的标准既有相同之处也有不同之处。相同之处是，中小微企业从业人数、资产总额的口径和计算方法与小型微利企业保持一致。不同之处是，小型微利企业的从业人数、资产总额和应纳税所得额3个指标之间是“并且”的关系，必须同时符合3个指标；而中小微企业的指标之间是“或者”的关系，即企业只要符合相关指标中的一项指标即可认定其符合中小微企业的条件，进而可适用按一定比例一次性税前扣除的政策。

【案例】 某建筑企业从业人数3000人以上，年营业收入13亿元，资产总额10亿元。按照12号公告规定，虽然其从业人数和营业收入超过规定标准，但是资产总额符合中小微企业12亿元以下的标准，因此，该建筑企业属于12号公告规定的中小微企业。

从业人数和资产总额指标应当如何确定？

12号公告规定的从业人数，包括与企业建立劳动关系的职工人数和企业接受的劳务派遣用工人数。

从业人数和资产总额指标，均按企业全年的季度平均值确定。具体计算公式如下：

季度平均值 =（季初值 + 季末值）÷2

全年季度平均值 = 全年各季度平均值之和 ÷4

年度中间开业或者终止经营活动的，以其实际经营期作为一个纳税年度确定上述相关指标。

如何界定“设备、器具”，对购置时间有什么要求？

设备、器具，是指除房屋、建筑物以外的固定资产。如运输汽车。

根据12号公告规定，设备、器具的购置时间应在2022年1月1日至12月31日期间内。

购置时间的具体规定，参考《国家税务总局关于设备、器具扣除有关企业所得税政策执行问题的公告》（国家税务总局公告2018年第46号）的规定，即固定资产购进时点按以下原则确认：以货币形式购进的固定资产，除采取分期付款或赊销方式购进外，按发票开具时间确认；以分期付款或赊销方式购进的固定资产，按固定资产到货时间确认；自行建造的固定资产，按竣工结算时间确认。

需要提醒的是，《企业所得税法实施条例》第五十九条规定，企业应当自固定资产投入使用月份的次月起计算折旧；停止使用的固定资产，应当自停止使用月份的次月起停止计算折旧。

同时，根据国家税务总局公告2018年第46号规定，享受一次性税前扣除政策的固定资产在投入使用月份的次月所属年度一次性税前扣除。

也就是说，如果纳税人在2022年12月购置符合条件的设备、器具，应该在2023年度享受优惠政策。

【案例】某中小微企业在2022年12月购进了一台单位价值为800万元的机器，企业按税法规定的最低折旧年限10年计提折旧，则该企业可就单位价值的50%，也就是400万元在2023年一次性扣除，其余400万元可在剩余9年中计算折旧进行扣除。

中小微企业购进办公楼能否享受一次性税前扣除优惠？

不可以。享受优惠的设备、器具，是指除房屋、建筑物以外的固定资产。

对设备、器具的单位价值有限定吗？

12号公告适用于中小微企业购入单位价值在500万元以

上的设备、器具。由于现行政策已经允许单位价值500万元以下的设备、器具一次性税前扣除，因此，可以说12号公告是现行政策的“升级版”。

需要注意的是，外购的固定资产，应以购买价款和支付的相关税费以及直接归属于使该资产达到预定用途发生的其他支出为计税基础。因此，购入设备的基础工程款、安装费、运输费等也要计入原值后一次性扣除。自行建造的固定资产，以竣工结算前发生的支出为计税基础。

设备、器具的单位价值是否包含增值税税额？

需要区分不同情况。

如果购置企业为增值税一般纳税人，其取得的扣税凭证符合规定且已按规定进行抵扣进项税额，那么该设备或器具的价格就不含增值税；但如果购置企业没有抵扣进项（包括取得的是普通发票等不属于抵扣凭证范围的凭证，或取得了不符合规定的抵扣凭证，或虽抵扣凭证符合规定但该纳税人主动放弃抵扣等情形），则该设备或器具的入账价格就是含增值税的。

如果购置企业是小规模纳税人，其购进固定资产不得抵扣，该设备或器具的入账价格就是含增值税的。如纳税人购进的是免征增值税的设备或器具，则入账价格就是取得的发票票面价格。

税法中对固定资产的最低折旧年限是如何规定的？

根据《企业所得税法实施条例》第六十条规定，除国务院财政、税务主管部门另有规定外，固定资产计算折旧的最低年限如下：

1. 房屋、建筑物，为20年；

2. 飞机、火车、轮船、机器、机械和其他生产设备，为10年；

3. 与生产经营活动有关的器具、工具、家具等，为5年；

4. 飞机、火车、轮船以外的运输工具，为4年；

5. 电子设备，为3年。

如何判断设备、器具是适用全额还是50%的一次性扣除政策？

12号公告按照设备器具的最低折旧年限明确了不同的政策，最低折旧年限为3年的设备器具适用当年一次性税前扣除政策，最低折旧年限为4年、5年、10年的设备器具适用单位价值的50%当年一次性税前扣除政策。

其中，最低折旧年限为3年的设备器具仅指电子设备，最低折旧年限为4年的设备器具是指飞机、火车、轮船以外的运输工具，最低折旧年限为5年的设备器具是指与生产经营活动有关的器具、工具、家具等，最低折旧年限为10年的设备器具是指飞机、火车、轮船、机器、机械和其他生产设备。

【案例】某中小微企业在2022年度新购置一台电子设备，单位价值560万元，适用全额一次性税前扣除政策；新购置一台货运汽车价值360万元，适用全额一次性税前扣除政策；新购置一台生产设备单位价值520万元，适用单位价值的50%当年一次性税前扣除，其余50%在剩余年度计算折旧进行税前扣除的政策。

企业所得税预缴时是否可以享受优惠？

可以。12号公告第四条规定，中小微企业可按季（月）在预缴申报时享受该政策。12号公告发布前企业在2022年已购置的设备、器具，可在 12 号公告发布后的预缴申报、年度汇算清缴时享受。

中小微企业能否自行选择享受优惠?

可以。12 号公告第五条规定，中小微企业可根据自身生产经营核算需要自行选择享受上述政策，当年度未选择享受的，以后年度不得再变更享受。例如，某中小微企业 2022 年 2 月购置一台单位价值 800 万元的设备器具，在第一季度企业所得税预缴申报时未选择享受优惠，在第二、三、四季度预缴申报或 2022 年度汇算清缴时仍然可以选择享受优惠；但假如该企业到 2023 年办理 2022 年度汇算清缴时仍未选择享受此项优惠，则该企业购置的此项资产在 2023 年度及以后年度，均无法再享受按一定比例一次性扣除政策。

【案例】 某中小微企业在 2022 年 2 月购进了一台单位价值为 520 万元的电子设备，3 月购进一台单位价值为 550 万元的电子设备，上述设备属于《企业所得税法实施条例》规定最低折旧年限为 3 年的设备器具。

（1）该企业按季（月）预缴申报时，可以选择在 2022 年的任何一个季度享受一次性税前扣除；也可以选择预缴申报时不享受一次性税前扣除，等到 2022 年度汇算清缴时再享受。

（2）该企业可以只选择单位价值 520 万元或单位价值 550 万元的电子设备享受一次性税前扣除，也可以选择两台设备都享受一次性税前扣除或者都不享受。

（3）需要提醒的是，如果该企业在 2022 年度汇算清缴时选择不享受一次性扣除政策，那以后年度就不得再变更享受。

中小微企业如何判断其是否适合选择享受优惠政策?

固定资产加速折旧（含一次性扣除，下同），是指在固定资产使用年限的初期提列较多的折旧，后期少提折旧，从而相对加快折旧速度，以使固定资产成本在有效使用年限中加快得到补偿和加快抵减企业所得税，但是总体抵减的企业所得税应纳税所得额没有变。

对企业而言，从总体上看并没有减少税负，但税负前轻后重，实际享受了税收递延缴纳之利，有利于减轻企业的资金压力，换个角度理解，更像是政府给予了企业一笔无息贷款。但在实务中，企业在选择是否采用加速折旧时，有必要区分以下情况进行合理判断和选择：

1. 处于亏损或者亏损弥补期限

如果企业暂时处于阶段性亏损期或者有比较充足的待弥补亏损期，选择加速折旧后就可能出现可弥补亏损额更大的情形，导致税收法律规定弥补亏损的期限内无法进行充分弥补亏损情形，进而造成固定资产无法“抵减所得税”的损失。

【案例1】某中小微企业于2020年初成立，初步预计2025年度开始盈利。该企业2022年还处于初创阶段，如果2022年度选择享受固定资产加速折旧，必然增加其可弥补亏损额，如2025年度仅微盈利，就很可能会“浪费”可弥补亏损额；因此，企业若在2022年度选择不享受固定资产加速折旧，则后续可在企业所得税税前扣除额就会增大，进而避免“浪费”或“少浪费”可弥补亏损额。

2. 处于企业所得税减免期间

如果企业正处于企业所得税减免期间，企业实际执行的企业所得税税率可能很低甚至为零，这时选择加速折旧也就没有起到抵税作用或者降低了抵税效果，也可能使企业后期多缴纳企业所得税。

【案例2】某软件企业（中小微企业）2022年处于《财政部　税务总局关于集成电路设计和软件产业企业所得税政策的公告》（财政部　税务总局公告2019年第68号）规定的“两免三减半”的“两免”时期，2024年开始享受按照25%的法定税率减半征收企业所得税的政策。

如果该企业2022年度选择享受固定资产加速折旧，由于正处于免征企业所得税阶段，加速折旧无法起到抵减企业所得税作用，所以选择不享受固定资产加速折旧，后续进入“法定税率减半征收企业所得税”或按“法定税征收企业所得税”阶段后，才起到抵减企业所得税的作用。

研发设备的加速折旧如何计算加计扣除？

根据《国家税务总局关于研发费用税前加计扣除归集范围有关问题的公告》（国家税务总局公告2017年第40号）规定，企业用于研发活动的仪器、设备，符合税法规定且选择加速折旧优惠政策的，在享受研发费用税前加计扣除政策时，就税前扣除的折旧部分计算加计扣除。

【案例】某制造业中小微企业2022年购进的研发电子设备采取加速折旧方式，当年在税前一次性扣除折旧540万元（会计上仅计提折旧180万元），纳税人可按税前扣除的折旧540万元为基数以100%的比例计算研发费用加计扣除。

中小微企业享受固定资产加速折旧政策如何申报?

中小微企业通过手工申报的，填报预缴申报表时，根据《企业所得税法实施条例》规定的最低折旧年限，在《资产加速折旧、摊销（扣除）优惠明细表》（A201020）第2行“二、一次性扣除”下的明细行次中填写相应的优惠事项及固定资产优惠情况。例如，最低折旧年限为3年的设备器具，在“项目”列次填写“中小微企业单位价值500万元以上设备器具一次性扣除（折旧年限为3年）”，并在1列至6列填写享受优惠的资产情况及优惠情况。中小微企业通过电子税务局申报的，可直接在下拉菜单中选择相应的优惠事项，无须手动填写。

【案例1】某中小微企业A公司在2022年2月新购进并于当月投入使用一台单位价值为720万元的电子设备，残值为0，会计与税法规定最低折旧年限均为3年。A公司第一季度预缴申报时填报《A201020资产加速折旧、摊销（扣除）优惠明细表》如下（见表2－2至表2－5）:

一次性扣除项目下拉菜单选择“中小微企业单价500万元以上设备器具一次性扣除（折旧年限为3年）”。“本年享受优惠的资产原值”填报720万元。“账载折旧\摊销金额”填报会计核算的本年资产折旧额、摊销额。该资产会计折旧年限为3年，自投入使用的次月即3月起计提折旧，故第一季度会计核算的折旧额仅需计算3月的折旧额，即720÷3÷12＝20（万元）。

"按照税收一般规定计算的折旧\摊销金额"填报按照税法一般规定计算的一个月的折旧、摊销金额。该资产税法规定最低折旧年限为3年，故一个月的折旧额为720÷3÷12=20（万元）。

"享受加速政策计算的折旧\摊销金额"填报720万元。

"纳税调减金额"填报700万元。

表2-2　A201020 资产加速折旧、摊销（扣除）优惠明细表（节选）

行次	项目	本年享受优惠的资产原值	本年累计折旧\摊销（扣除）金额				
			账载折旧\摊销金额	按照税收一般规定计算的折旧\摊销金额	享受加速政策计算的折旧\摊销金额	纳税调减金额	享受加速政策优惠金额
		1	2	3	4	5	6（4-3）
1	一、加速折旧、摊销（不含一次性扣除，1.1+1.2+…）						
2	二、一次性扣除（2.1+2.2+…）	7200000.00	200000.00	200000.00	7200000.00	7000000.00	7000000.00
2.1	中小微企业单价500万元以上设备器具一次性扣除（折旧年限为3年）	7200000.00	200000.00	200000.00	7200000.00	7000000.00	7000000.00
3	合计（1+2）	7200000.00	200000.00	200000.00	7200000.00	7000000.00	7000000.00

点击保存A201020填报数据后，纳税调减金额自动带入主表第6行"减：资产加速折旧、摊销（扣除）调减额（填写A201020）"。

表 2－3　A200000 中华人民共和国企业所得税月（季）度预缴纳税申报表（A 类）（节选）

行次	预缴税款计算	本年累计
1	营业收入	
2	营业成本	
3	利润总额	
4	加：特定业务计算的应纳税所得额	
5	减：不征税收入	
6	减：资产加速折旧、摊销（扣除）调减额（填写 A201020）	7000000.00
7	减：免税收入、减计收入、加计扣除（7.1＋7.2＋…）	

假定该公司 2022 年第二季度无新购进其他固定资产，第二季度《A201020 资产加速折旧、摊销（扣除）优惠明细表》填报如下：

“账载折旧＼摊销金额”填报 2022 年 3—6 月会计核算的折旧额，即 $720 \div 3 \div 12 \times 4 = 80$（万元）；

“纳税调减金额”填报 640 万元；

表 2－4　A201020 资产加速折旧、摊销（扣除）优惠明细表（节选）

行次	项目	本年享受优惠的资产原值	本年累计折旧＼摊销（扣除）金额				
			账载折旧＼摊销金额	按照税收一般规定计算的折旧＼摊销金额	享受加速政策计算的折旧＼摊销金额	纳税调减金额	享受加速政策优惠金额
		1	2	3	4	5	6（4－3）
1	一、加速折旧、摊销（不含一次性扣除，1.1＋1.2＋…）						

续表

行次	项目	本年享受优惠的资产原值	本年累计折旧\摊销（扣除）金额				
			账载折旧\摊销金额	按照税收一般规定计算的折旧\摊销金额	享受加速政策计算的折旧\摊销金额	纳税调减金额	享受加速政策优惠金额
		1	2	3	4	5	6（4-3）
2	二、一次性扣除（2.1+2.2+…）	7200000.00	800000.00	200000.00	7200000.00	6400000.00	7000000.00
2.1	中小微企业单价500万元以上设备器具一次性扣除（折旧年限为3年）	7200000.00	800000.00	200000.00	7200000.00	6400000.00	7000000.00
3	合计（1+2）	7200000.00	800000.00	200000.00	7200000.00	6400000.00	7000000.00

其他项目和第一季度保持一致。

点击保存A201020填报数据后，纳税调减金额自动带入主表第6行“减：资产加速折旧、摊销（扣除）调减额（填写A201020）”。

表2-5　A200000中华人民共和国企业所得税月（季）度预缴纳税申报表（A类）（节选）

	预缴税款计算	本年累计
1	营业收入	
2	营业成本	
3	利润总额	
4	加：特定业务计算的应纳税所得额	
5	减：不征税收入	
6	减：资产加速折旧、摊销（扣除）调减额（填写A201020）	6400000.00
7	减：免税收入、减计收入、加计扣除（7.1+7.2+…）	

【**案例2**】某中小微企业B公司于2022年2月新购进并当月投入使用一台单位价值为840万元的生产设备，残值为0，会计与税法规定最低折旧年限均为10年。B公司第一季度预缴申报时填报《A201020资产加速折旧、摊销（扣除）优惠明细表》如下（见表2-6至表2-9）：

一次性扣除项目下拉菜单选择“中小微企业单价500万元以上设备器具50%部分一次性扣除（折旧年限为10年）”。

“本年享受优惠的资产原值”填报840万元。

“账载折旧\摊销金额”填报会计核算的本年资产折旧额、摊销额。该资产会计折旧年限为10年，自投入使用的次月即3月起计提折旧，故第一季度会计核算的折旧额仅需计算3月的折旧额，即840÷10÷12=7（万元）。

“按照税收一般规定计算的折旧\摊销金额”填报按照税法一般规定计算的一个月的折旧、摊销金额。该资产税法规定最低折旧年限为10年，故一个月的折旧额为840÷10÷12=7（万元）。

“享受加速政策计算的折旧\摊销金额”填报420万元。

表2-6　　A201020资产加速折旧、摊销（扣除）优惠明细表（节选）

行次	项目	本年享受优惠的资产原值	本年累计折旧\摊销（扣除）金额				
			账载折旧\摊销金额	按照税收一般规定计算的折旧\摊销金额	享受加速政策计算的折旧\摊销金额	纳税调减金额	享受加速政策优惠金额
		1	2	3	4	5	6（4-3）
1	一、加速折旧、摊销（不含一次性扣除，1.1+1.2+…）						
2	二、一次性扣除（2.1+2.2+…）	8400000.00	70000.00	70000.00	4200000.00	4130000.00	4130000.00
2.1	中小微企业单价500万元以上设备器具一次性扣除（折旧年限为3年）	8400000.00	70000.00	70000.00	4200000.00	4130000.00	4130000.00
3	合计（1+2）	8400000.00	70000.00	70000.00	4200000.00	4130000.00	4130000.00

"纳税调减金额"填报413万元。

点击保存A201020填报数据后，纳税调减金额自动带入主表第6行"减：资产加速折旧、摊销（扣除）调减额（填写A201020）"。

表2-7　A200000中华人民共和国企业所得税月（季）度预缴纳税申报表（A类）（节选）

	预缴税款计算	本年累计
1	营业收入	
2	营业成本	
3	利润总额	

续表

	预缴税款计算	本年累计
4	加：特定业务计算的应纳税所得额	
5	减：不征税收入	
6	减：资产加速折旧、摊销（扣除）调减额（填写 A201020）	4130000.00
7	减：免税收入、减计收入、加计扣除（7.1 +7.2 +…）	

假定该公司2022年第二季度无新购进其他固定资产，第二季度《A201020资产加速折旧、摊销（扣除）优惠明细表》（“减：资产加速折旧、摊销（扣除）调减额（填写A201020）”）填报如下：

“账载折旧\摊销金额”填报2022年3—6月会计核算的折旧额，即 $840 \div 10 \div 12 \times 4 = 28$（万元）。

“纳税调减金额”填报392万元。

表2-8　A201020资产加速折旧、摊销（扣除）优惠明细表（节选）

行次	项目	本年享受优惠的资产原值	本年累计折旧\摊销（扣除）金额				
			账载折旧\摊销金额	按照税收一般规定计算的折旧\摊销金额	享受加速政策计算的折旧\摊销金额	纳税调减金额	享受加速政策优惠金额
		1	2	3	4	5	6（4-3）
1	一、加速折旧、摊销（不含一次性扣除，1.1+1.2+…）						
2	二、一次性扣除（2.1+2.2+…）	8400000.00	280000.00	70000.00	4200000.00	3920000.00	4130000.00

续表

行次	项目	本年享受优惠的资产原值	本年累计折旧\摊销（扣除）金额				
			账载折旧\摊销金额	按照税收一般规定计算的折旧\摊销金额	享受加速政策计算的折旧\摊销金额	纳税调减金额	享受加速政策优惠金额
		1	2	3	4	5	6 (4-3)
2.1	中小微企业单价500万元以上设备器具一次性扣除（折旧年限为3年）	8400000.00	280000.00	70000.00	4200000.00	3920000.00	4130000.00
3	合计（1+2）	8400000.00	280000.00	70000.00	4200000.00	3920000.00	4130000.00

其他项目和第一季度保持一致。

点击保存A201020填报数据后，纳税调减金额自动带入主表第6行“减：资产加速折旧、摊销（扣除）调减额（填写A201020）”。

表2-9　A200000中华人民共和国企业所得税月（季）度预缴纳税申报表（A类）（节选）

	预缴税款计算	本年累计
1	营业收入	
2	营业成本	
3	利润总额	
4	加：特定业务计算的应纳税所得额	
5	减：不征税收入	
6	减：资产加速折旧、摊销（扣除）调减额（填写A201020）	3920000.00
7	减：免税收入、减计收入、加计扣除（7.1+7.2+…）	

【案例3】 承上例，如果企业第一、二、三季度未享受加速折旧，第四季度起按规定享受。不考虑其他情况，则第一、二、三季度不需要填报《A201020 资产加速折旧、摊销（扣除）优惠明细表》，第四季度填报该表如下（见表2-10）：

"本年享受优惠的资产原值"填报840万元。

"账载折旧\摊销金额"填报会计核算的本年资产折旧额、摊销额。该资产会计折旧年限为10年，自投入使用的次月即3月起计提折旧，故2022年度会计核算的折旧额是3—12月的折旧额，即840÷10÷12×10=70（万元）。

"按照税收一般规定计算的折旧\摊销金额"填报按照税法一般规定计算的一个月的折旧、摊销金额。该资产税法规定最低折旧年限为10年，故2022年度折旧额是3—12月的折旧额，即840÷10÷12×10=70（万元）。

"享受加速政策计算的折旧\摊销金额"填报420万元。

"纳税调减金额"填报350万元。

表2-10　A201020资产加速折旧、摊销（扣除）优惠明细表（节选）

行次	项目	本年享受优惠的资产原值	本年累计折旧\摊销（扣除）金额				
			账载折旧\摊销金额	按照税收一般规定计算的折旧\摊销金额	享受加速政策计算的折旧\摊销金额	纳税调减金额	享受加速政策优惠金额
		1	2	3	4	5	6（4-3）
1	一、加速折旧、摊销（不含一次性扣除，1.1+1.2+…）						
2	二、一次性扣除（2.1+2.2+…）						
2.1	中小微企业单价500万元以上设备器具一次性扣除（折旧年限为3年）	8400000.00	700000.00	700000.00	4200000.00	3500000.00	3500000.00
3	合计（1+2）						

中小微企业享受固定资产加速折旧政策形成亏损能弥补吗？

可以正常弥补。企业选择适用上述政策当年不足以扣除形成的亏损，可在以后5个纳税年度结转弥补，享受其他延长亏损结转年限政策的企业可按现行规定执行。

享受固定资产加速折旧后，税会差异如何处理？

根据《国家税务总局关于设备　器具扣除有关企业所得税政策执行问题的公告》（国家税务总局公告2018年第46号）规定，固定资产在投入使用月份的次月所属年度一次性税前扣除。企业选择享受一次性税前扣除政策的，其资产的税务处理可与会计处理不一致。

在会计处理上，企业会计准则要求，对于固定资产，应分期计提折旧，所以选择享受一次性税前扣除政策，必然会带来折旧计提的时间性税会差异。

企业适用固定资产一次性税前扣除政策时，由于会计上分期计提了折旧，可税前扣除的金额远大于其计提的折旧额。因此，在企业所得税汇算清缴时会作纳税调减处理。这种情况下，虽然以后年度该固定资产的税前扣除额为零，但会计上仍然在计提折旧，这样，企业就应相应地作纳税调增处理。

在享受优惠政策当年，由于享受优惠导致纳税调减，那么在以后年度需注意进行纳税调增。

【案例】某中小微企业在2022年6月购进了一台单位价值为912万元的机器，企业按税法规定的最低折旧年限10年计提折旧，残值为0，则该企业可就单位价值的50%，也就是456万元，在2022年一次性扣除，其余456万元可在剩余9年中计算折旧进行扣除（即2023年1月至2032年6月），每个月扣除额4万元（456÷114）（见表2-11）。

表2-11 **企业纳税调整情况** 金额单位：万元

年度	每年会计计提折旧	每年税前扣除金额	每年纳税调整金额
2022	45.6	456	调减410.4
2023—2031	91.2	48	调增43.2
2032	45.6	24	调增21.6

享受优惠政策的固定资产后期处置时需要纳税调整吗?

由于纳税人选择享受固定资产一次性税前扣除政策，会带来折旧计提的时间性税会差异，需要先纳税调减，后纳税调整，整体并没有多提折旧或增加企业所得税税前扣除额，所以固定资产享受一次性税前扣除政策，如果在折旧结束前该固定资产已处置了的，则需要把还未纳税调增完的折旧额一次性调增。

【案例】某中小微企业在 2022 年 6 月购进了一台单位价值为 912 万元的机器，企业按税法规定的最低折旧年限 10 年计提折旧，残值为 0，则该企业可就单位价值的 50%，也就是 456 万元，在 2022 年一次性扣除。

如果该企业于 2024 年 1 月处置该项固定资产，不考虑特殊情况，会计已经计提折旧 136.8 万元（45.6 + 91.2），剩余 775.2 万元（912 - 136.8）折旧未计提，计入固定资产处置损益；企业所得税已税前扣除 504（456 + 48）万元，剩余 408 万元（912 - 504）未在税前扣除。后处置固定资产可以税前扣除，所以应纳税调增 367.2 万元（775.2 - 408），即为 2022 年度纳税调减额 410.4 万元减去 2023 年度已纳税调增 43.2 万元的金额。

企业年度汇算清缴申报时，填列《A105090 资产损失税前扣除及纳税调整明细表》的第 7 行“四、固定资产损失”的第 7 列“纳税调整金额”。

享受固定资产加速折旧优惠是否需要备案?

不需要。由企业按照“自行判断、申报享受、相关资料留存备查”的方式，在企业所得税预缴申报和年度申报时，通过填报申报表相关行次即可享受优惠。

2.2　提高科技型中小企业研发费用税前加计扣除比例

2.2.1　政策概述

2.2.1.1　具体政策

1. 科技型中小企业开展研发活动中实际发生的研发费用，未形成无形资产计入当期损益的，在按规定据实扣除的基础上，自2022年1月1日起，再按照实际发生额的100%在税前加计扣除；形成无形资产的，自2022年1月1日起，按照无形资产成本的200%在税前摊销。

2. 政策沿革

（1）根据《企业所得税法实施条例》第九十五条规定，《企业所得税法》第三十条第（一）项所称研究开发费用的加计扣除，是指企业为开发新技术、新产品、新工艺发生的研究开发费用，未形成无形资产计入当期损益的，在按照规定据实扣除的基础上，按照研究开发费用的50%加计扣除；形成无形资产的，按照无形资产成本的150%摊销。

注：根据《财政部　国家税务总局　科技部关于完善研究开发费用税前加计扣除政策的通知》（财税〔2015〕119号）规定，不适用税前加计扣除政策的行业包括：①烟草制造业；②住宿和餐饮业；③批发和零售业；④房地产业；⑤租赁和商务服务业；⑥娱乐业；⑦财政部和国家税务总局规定的其他行业。上述行业以《国民经济行业分类与代码》（GB/T 4754—2011）为准，并随之更新。

（2）根据《财政部　税务总局　科技部关于提高研究开发费用税前加计扣除比例的通知》（财税〔2018〕99 号）规定，在 2018 年 1 月 1 日至 2023 年 12 月 31 日期间，除烟草制造业、住宿和餐饮业、批发和零售业、房地产业、租赁和商务服务业、娱乐业以外的企业，开展研发活动中实际发生的研发费用，未形成无形资产计入当期损益的，在按规定据实扣除的基础上，再按照实际发生额的 75% 在税前加计扣除；形成无形资产的，在上述期间按照无形资产成本的 175% 在税前摊销。

（3）根据《财政部　税务总局关于进一步完善研发费用税前加计扣除政策的公告》（财政部　税务总局公告 2021 年第 13 号）规定，自 2021 年 1 月 1 日起，除烟草制造业以外的制造业企业开展研发活动中实际发生的研发费用，未形成无形资产计入当期损益的，在按规定据实扣除的基础上，再按照实际发生额的 100% 在税前加计扣除；形成无形资产的，按照无形资产成本的 200% 在税前摊销。

制造业企业，是以制造业业务为主营业务，享受优惠当年主营业务收入占收入总额的比例达到 50% 以上的企业。

制造业的范围按照《国民经济行业分类》（GB/T 4754—2017）确定，如国家有关部门更新《国民经济行业分类》，从其规定。

收入总额，是企业以货币形式和非货币形式从各种来源取得的收入，包括：销售货物收入，提供劳务收入，转让财产收入，股息、红利等权益性投资收益，利息收入，租金收入，特许权使用费收入，接受捐赠收入，其他收入。

（4）根据《财政部　税务总局　科技部关于进一步提高

科技型中小企业研发费用税前加计扣除比例的公告》（财政部　税务总局　科技部公告2022年第16号）规定，自2022年1月1日起，科技型中小企业开展研发活动中实际发生的研发费用，未形成无形资产计入当期损益的，在按规定据实扣除的基础上，再按照实际发生额的100%在税前加计扣除；形成无形资产的，按照无形资产成本的200%在税前摊销。

2.2.1.2　适用范围

科技型中小企业。

2.2.1.3　适用条件

科技型中小企业条件和管理办法按照《科技部　财政部　国家税务总局关于印发〈科技型中小企业评价办法〉的通知》（国科发政〔2017〕115号）执行。

2.2.1.4　注意事项

科技型中小企业享受研发费用税前加计扣除政策的其他政策口径和管理要求，按照《财政部　国家税务总局　科技部关于完善研究开发费用税前加计扣除政策的通知》（财税〔2015〕119号）、《财政部　税务总局　科技部关于企业委托境外研究开发费用税前加计扣除有关政策问题的通知》（财税〔2018〕64号）等相关规定执行。

2.2.1.5　实施日期

自2022年1月1日起执行。

2.2.1.6　政策依据

1.《财政部　税务总局　科技部关于进一步提高科技型中小企业研发费用税前加计扣除比例的公告》（财政部　税务总局　科技部公告2022年第16号）

2.《财政部　税务总局关于进一步完善研发费用税前加计扣除政策的公告》（财政部　税务总局公告2021年第13号）

3.《财政部　税务总局关于延长部分税收优惠政策执行期限的公告》（财政部　税务总局公告2021年第6号）

4.《国家税务总局关于企业预缴申报享受研发费用加计扣除优惠政策有关事项的公告》（国家税务总局公告2022年第10号）

5.《国家税务总局关于企业所得税年度汇算清缴有关事项的公告》（国家税务总局公告2021年第34号）

6.《国家税务总局关于进一步落实研发费用加计扣除政策有关问题的公告》（国家税务总局公告2021年第28号）

7.《财政部　税务总局　科技部关于提高研究开发费用税前加计扣除比例的通知》（财税〔2018〕99号）

8.《财政部　税务总局　科技部关于企业委托境外研究开发费用税前加计扣除有关政策问题的通知》（财税〔2018〕64号）

9.《财政部　国家税务总局　科技部关于完善研究开发费用税前加计扣除政策的通知》（财税〔2015〕119号）

10.《国家税务总局关于发布〈中华人民共和国企业所得税月（季）度预缴纳税申报表（A类）〉的公告》（国家税务总局公告2021年第3号）

11.《国家税务总局关于发布修订后的〈企业所得税优惠政策事项办理办法〉的公告》（国家税务总局公告2018年第23号）

12.《国家税务总局关于修订〈中华人民共和国企业所得税年度纳税申报表（A类，2017年版）〉部分表单样式及填表说明的公告》（国家税务总局公告2018年第57号）

13.《国家税务总局关于研发费用税前加计扣除归集范围有关问题的公告》(国家税务总局公告2017年第40号)

14.《国家税务总局关于企业研究开发费用税前加计扣除政策有关问题的公告》(国家税务总局公告2015年第97号)

提高科技型中小企业研发费用税前加计扣除比例政策导图，可扫描右侧二维码查看。

2.2.2 实务答疑

什么是研发费用的加计扣除?

根据《企业所得税法》第三十条第（一）项规定，企业为开发新技术、新产品、新工艺发生的研究开发费用可以在计算应纳税所得额时加计扣除。

研发费用的加计扣除，就是在计算应纳税所得额时，在实际发生的研发费用支出数额的基础上，再加成一定的比例作为计算应纳税所得额时的扣除数额进行加计扣除。

【案例】某科技型中小企业2022年度发生符合加计扣除规定的研发费用支出80万元，税收政策规定的加计扣除比例为100%，也就是说，不考虑其他特殊情况，该企业在计算应纳税所得额时，在实际发生的研发费用支出80万元的基础上，再加计100%，作为计算应纳税所得额时的扣除（摊销）数额，即该企业在计算应纳税所得额时的研发费用扣除（摊销）数额为160万元。

研发费加计扣除政策适用对象有哪些?

根据《财政部　国家税务总局　科技部关于完善研究开

发费用税前加计扣除政策的通知》（财税〔2015〕119 号）规定，除烟草制造业、住宿和餐饮业、批发和零售业、房地产业、租赁和商务服务业、娱乐业以外的其他企业可以享受。

上述企业应为会计核算健全、实行查账征收并能够准确归集研发费用的居民企业。

需要提醒的是，除列举不适用加计扣除政策的行业外，不是高新技术企业的居民企业，也可以按规定享受研发费加计扣除政策。

亏损企业能否享受研发费用加计扣除优惠？

对于亏损企业而言，除列举不适用加计扣除政策的行业外，只要是会计核算健全，实行查账征收，能够准确归集研发费用，且不属于负面清单行业的居民企业，就能享受研发费用加计扣除政策。

虽然亏损企业当年不需缴税，但如果享受了加计扣除政策将加大可结转弥补亏损额，可以在以后年度结转弥补。

科技型中小企业的定义和标准是什么，如何认定？

根据《科技部　财政部　国家税务总局关于印发〈科技型中小企业评价办法〉的通知》（国科发政〔2017〕115 号）明确，科技型中小企业是指依托一定数量的科技人员从事科学技术研究开发活动，取得自主知识产权并将其转化为高新技术产品或服务，从而实现可持续发展的中小企业。

国科发政〔2017〕115 号文件规定，科技型中小企业须同时满足以下条件：

1. 在中国境内（不包括港、澳、台地区）注册的居民企业。

2. 职工总数不超过500人、年销售收入不超过2亿元、资产总额不超过2亿元。

3. 企业提供的产品和服务不属于国家规定的禁止、限制和淘汰类。

4. 企业在填报上一年及当年内未发生重大安全、重大质量事故和严重环境违法、科研严重失信行为，且企业未列入经营异常名录和严重违法失信企业名单。

5. 企业根据科技型中小企业评价指标进行综合评价所得分值不低于60分，且科技人员指标得分不得为0分。

6. 符合第1~4项条件的企业，若同时符合下列条件中的一项，则可直接确认符合科技型中小企业条件：

（1）企业拥有有效期内高新技术企业资格证书；

（2）企业近5年内获得过国家级科技奖励；

（3）企业拥有经认定的省部级以上研发机构；

（4）企业近5年内主导制定过国际标准、国家标准或行业标准。

科技型中小企业评价服务工作实行全流程网上办理，依托全国科技型中小企业信息服务平台（http://www.innofund.gov.cn）进行。

具体步骤如图2-1所示：

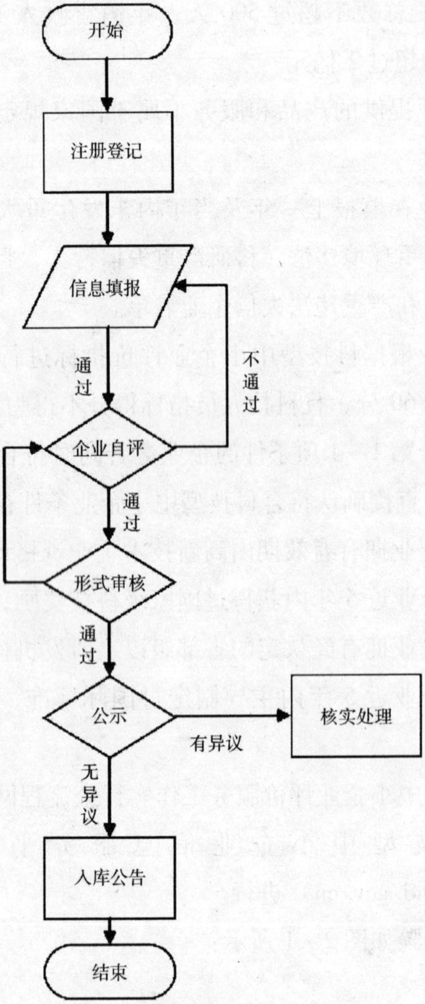

图 2－1　科技型中小企业评价流程

企业登录全国一体化政务服务平台——科学技术部政务服务平台（https：//fuwu. most. gov. cn），选择“服务事项”—

“科技型中小企业评价”，点击“我要办理”登录办理。如图 2－2 所示。

图 2－2　科学技术部政务服务平台界面

1. 企业自主评价

（1）信息填报。注册成功的企业可进入“评价工作系统”，按要求在线填报《科技型中小企业信息表》（以下简称《信息表》）及上传相关证明文件。企业填报信息及上传文件不得涉及国家保密信息。

（2）企业自评。企业填报信息和证明文件齐全且自评结果符合科技型中小企业条件的企业可提交《信息表》，并应同时上传有法定代表人签名和加盖企业公章的《信息表》首页原件。企业对所填报信息和上传文件的准确、真实、合法、有效性承担有关法律责任。

2. 形式审查

评价工作机构应通过“评价工作系统”对企业提交的《信息表》及相关附件进行形式审查。《审核表》包括以下内容：

（1）《信息表》是否完整；

（2）《信息表》中信息与相关证明文档是否一致；

（3）《信息表》首页是否加盖企业公章；

（4）《信息表》其他问题说明（如果有，请评价工作机构填写具体内容）。

上述内容有一项不合格，信息审核不通过。信息审核通过的，系统提交至省级科技管理部门。信息审核未通过的，系统通知企业法定代表人和联系人进行补正。企业补正后再次提交《信息表》的，视同第一次填报。

3. 名单公示

省级科技管理部门对信息审核通过的《信息表》进行汇总，发现不符合要求的，退回评价工作机构。省级科技管理部门汇总拟入库企业名单，按批次生成公示文件，在服务平台上公示10个工作日。

4. 入库公告

公示无异议的，省级科技管理部门赋予科技型中小企业入库登记编号（以下简称“登记编号”），登记编号由系统自动生成，包括为18位数字或字母（4位年份+6位行政区划代码+1位成立年份标识+1位直接确认标识+6位系统顺序号)。公众可通过服务平台查询科技型中小企业入库登记编号。公示有异议的，交由评价工作机构进行核实处理。

5. 年度更新

已入库企业应通过“评价工作系统”主动更新《科技型中小企业信息表》，经审核、公示后符合条件的，取得新年度入库“登记编号”。

哪些行业不适用加计扣除政策?

不适用加计扣除政策的行业包括：住宿和餐饮业、烟草制造业、批发和零售业、娱乐业、房地产业、租赁和商务服务业，也称负面清单行业范围。

上述行业以《国民经济行业分类与代码》(GB/T 4754—2017）为准，并随之更新。

不适用加计扣除政策行业的企业，是指以上述行业业务为主营业务，其研发费用发生当年的主营业务收入占企业按《企业所得税法》第六条规定计算的收入总额减除不征税收入和投资收益的余额50%（不含）以上的企业。上述行业企业主营业务收入占50%（含）以下的，可按规定备案申报享受加计扣除政策。

其中，收入总额，是根据《企业所得税法》第六条规定，企业以货币形式和非货币形式从各种来源取得的收入，具体包括：销售货物收入，提供劳务收入，转让财产收入，股息、红利等权益性投资收益，利息收入，租金收入，特许权使用费收入，接受捐赠收入，其他收入。

是不是所有科技型中小企业都适用加计扣除政策？

不一定。《财政部　税务总局　科技部关于进一步提高科技型中小企业研发费用税前加计扣除比例的公告》（财政部　税务总局　科技部公告2022年第16号）规定，科技型中小企业享受研发费用税前加计扣除政策的其他政策口径和管理要求，按照《财政部　国家税务总局　科技部关于完善研究开发费用税前加计扣除政策的通知》（财税〔2015〕119号）、《财政部　税务总局　科技部关于企业委托境外研究开发费用税前加计扣除有关政策问题的通知》（财税〔2018〕64号）等文件相关规定执行。

也就是说，住宿和餐饮业、烟草制造业、批发和零售业、娱乐业、房地产业、租赁和商务服务业的科技型中小企业不适用加计扣除政策。

研发活动如何界定？

根据《财政部　国家税务总局　科技部关于完善研究开发费用税前加计扣除政策的通知》（财税〔2015〕119号）规定，研发活动是指企业为获得科学与技术新知识，创造性运用科学技术新知识，或实质性改进技术、产品（服务）、工艺而持续进行的具有明确目标的系统性活动。

失败研发活动的研发费用可以享受加计扣除政策吗？

可以。根据《国家税务总局关于研发费用税前加计扣除归集范围有关问题的公告》（国家税务总局公告2017年第40号）规定，失败的研发活动所发生的研发费用可享受税前加计扣除政策。

企业不适用加计扣除的活动包括哪些？

1. 企业产品（服务）的常规性升级。

2. 对某项科研成果的直接应用，如直接采用公开的新工艺、材料、装置、产品、服务或知识等。

3. 企业在商品化后为顾客提供的技术支持活动。

4. 对现存产品、服务、技术、材料或工艺流程进行的重复或简单改变。

5. 市场调查研究、效率调查或管理研究。

6. 作为工业（服务）流程环节或常规的质量控制、测试分析、维修维护。

7. 社会科学、艺术或人文学方面的研究。

8. 法律、行政法规和国务院财税主管部门规定不允许企业所得税前扣除的费用和支出项目，不得计算加计扣除；已计入无形资产但不属于允许加计扣除研发费用范围的，企业摊销时不得计算加计扣除。

可加计扣除的研发费用包括哪些？

可加计扣除的研发费用包括：人员人工费用、直接投入费用、折旧费用、无形资产摊销费用、新产品设计费、新工艺规程制定费、新药研制的临床试验费、勘探开发技术的现场试验费、其他相关费用以及财政部和国家税务总局规定的其他费用。

需要提醒的是，企业会计核算须按照《财政部关于企业加强研发费用财务管理的若干意见》（财企〔2007〕194 号）规定进行归集，研发费用包括：

1. 研发活动直接消耗的材料、燃料和动力费用。

2. 企业在职研发人员的工资、奖金、津贴、补贴、社会保险费、住房公积金等人工费用以及外聘研发人员的劳务费用。

3. 用于研发活动的仪器、设备、房屋等固定资产的折旧费或租赁费以及相关固定资产的运行维护、维修等费用。

4. 用于研发活动的软件、专利权、非专利技术等无形资产的摊销费用。

5. 用于中间试验和产品试制的模具、工艺装备开发及制造费，设备调整及检验费，样品、样机及一般测试手段购置费，试制产品的检验费等。

6. 研发成果的论证、评审、验收、评估以及知识产权的申请费、注册费、代理费等费用。

7. 通过外包、合作研发等方式，委托其他单位、个人或者与之合作进行研发而支付的费用。

8. 与研发活动直接相关的其他费用，包括技术图书资料费、资料翻译费、会议费、差旅费、办公费、外事费、研发人员培训费、培养费、专家咨询费、高新科技研发保险费用等。

此外，财税〔2015〕119 号文件规定的可加计扣除的研发费用中还包括新产品设计、新工艺规程制定、新药研制临床试验费等，上述费用在财企〔2007〕194 号文件中未列举。

可加计扣除的人员人工费用包括哪些？

可加计扣除的人员人工费用包括：直接从事研发活动人员的工资薪金、基本养老保险费、基本医疗保险费、失业保险费、工伤保险费、生育保险费和住房公积金，以及外聘研发人员的劳务费用。

1. 直接从事研发活动人员包括：

(1) 研究人员（主要从事研究开发项目的专业人员）；

(2) 技术人员（具有工程技术、自然科学和生命科学中一个或一个以上领域的技术知识和经验，在研究人员指导下参与研发工作的人员）；

(3) 辅助人员（参与研究开发活动的技工）；

(4) 外聘研发人员是指与本企业或劳务派遣企业签订劳务用工协议（合同）和临时聘用的研究人员、技术人员、辅助人员。

接受劳务派遣的企业按照协议（合同）约定支付给劳务派遣企业，且由劳务派遣企业实际支付给外聘研发人员的工资薪金等费用，属于外聘研发人员的劳务费用。

2. 工资薪金包括按规定可以在税前扣除的对研发人员股权激励的支出。

3. 直接从事研发活动的人员、外聘研发人员同时从事非研发活动的，企业应对其人员活动情况做必要记录，并将其实际发生的相关费用按实际工时占比等合理方法在研发费用和生产经营费用间分配，未分配的不得加计扣除。

【案例】 假设A企业管理人员张三，在作为RD1、RD2两个研发项目负责人的同时负责企业日常管理，张三当年的工资薪金50万元。A企业对张三工作活动用时情况有记录：2017年度张三工作总工时1500小时，其中日常管理活动500小时，研发1000小时（其中RD1项目500小时，RD2项目500小时）。

在计算该企业2017年度可加计扣除的研发支出时，

日常管理活动对应的16.67万元［50×（500÷1500）］不得加计扣除，余下的33.33万元（50－16.67）在RD1、RD2项目间按工时进行分配，可加计扣除的研发支出分别为16.67万元和16.67万元。

需要注意的是，会计核算口径、高新技术企业认定口径和研发费用加计扣除口径下的人员人工费用存在差异。

具体差异是：会计核算口径大于加计扣除口径。加计扣除口径中，可加计扣除人员人工费用归集对象是直接从事研发活动人员，分为研究人员、技术人员和辅助人员三类。研究人员既可以是本企业的员工，也可以是外聘研发人员。外聘研发人员是指与本企业或劳务派遣企业签订劳务用工协议（合同）和临时聘用的研究人员、技术人员、辅助人员。而高新技术企业认定口径中人员人工费用归集对象是直接从事研发和相关技术创新活动，以及专门从事上述活动的管理和提供直接技术服务的科技人员，并且在企业累计实际工作时间在183天以上。具体详见表2－12。

表2－12　　不同口径下人员人工费用核算差异

会计核算口径	高新技术企业认定口径	研发费用加计扣除口径
企业在职研发人员的工资、奖金、津贴、补贴、社会保险费、住房公积金等人工费用以及外聘研发人员的劳务费用	企业科技人员的工资薪金、基本养老保险费、基本医疗保险费、失业保险费、工伤保险费、生育保险费和住房公积金，以及外聘科技人员的劳务费用	直接从事研发活动人员的工资薪金、基本养老保险费、基本医疗保险费、失业保险费、工伤保险费、生育保险费和住房公积金，以及外聘研发人员的劳务费用

备注：目前研发费用归集有三个口径，一是会计核算口径，由《财政部关于企业加强研发费用财务管理的若干意见》（财企〔2007〕194号）规范；二是高新

技术企业认定口径，由《科技部　财政部　国家税务总局关于修订印发〈高新技术企业认定管理工作指引〉的通知》（国科发火〔2016〕195 号）规范；三是加计扣除税收规定口径，由财税〔2015〕119 号文件、国家税务总局公告 2015 年第 97 号和国家税务总局公告 2017 年第 40 号规范。三个研发费用归集口径相比较，存在一定差异。（下同）

需要注意的是，允许加计扣除的人员人工费用不包括哪些内容？

1. 没有直接实质性参与研发的行政管理人员、财务人员和后勤人员的人工费用。

2. 职工福利费、职工工会经费、职工教育经费。

3. 补充社会保险、补充医疗保险和补充住房公积金（但可通过“其他相关费用”记入）。

4. 间接从事研发活动人员的工资薪金和“五险一金”（但可通过“直接投入费用”和“新产品设计费等”间接分配记入）。

5. 法律、行政法规和国务院财税主管部门规定不允许企业所得税前扣除的费用和支出项目不得计算加计扣除。

直接投入费用包括哪些？

直接投入费用，是指研发活动直接消耗的材料、燃料和动力费用；用于中间试验和产品试制的模具、工艺装备开发及制造费，不构成固定资产的样品、样机及一般测试手段购置费，试制产品的检验费；用于研发活动的仪器、设备的运行维护、调整、检验、维修等费用，以及通过经营租赁方式租入的用于研发活动的仪器、设备租赁费（用于研发活动的不动产的租赁费）。

需要注意的是：

1. 以经营租赁方式租入的用于研发活动的仪器、设备，同时用于非研发活动的，企业应对其仪器设备使用情况做必要记录，并将其实际发生的租赁费按实际工时占比等合理方法在研发费用和生产经营费用间分配，未分配的不得加计扣除。

2. 企业研发活动直接形成产品或作为组成部分形成的产品对外销售的，研发费用中对应的材料费用不得加计扣除。

产品销售与对应的材料费用发生在不同纳税年度且材料费用已计入研发费用的，可在销售当年以对应的材料费用发生额直接冲减当年的研发费用，不足冲减的，结转以后年度继续冲减。

3. 会计核算口径、高新技术企业认定口径和研发费用加计扣除口径的直接投入费用存在差异。

差异主要在于房屋的租赁费、运行维护、维修等费用是否归集。高新技术企业认定口径与会计核算口径相比，房屋等固定资产的运行维护、维修等费用不计入，通过经营租赁租入的用于研发活动的固定资产租赁费计入；研发费用加计扣除口径与会计核算口径相比，房屋等固定资产的租赁费、运行维护、调整、检验、维修等费用不计入。具体详见表2-13。

表2-13　不同口径下直接投入费用的核算差异

会计核算口径	高新技术企业认定口径	研发费用加计扣除口径
（1）研发活动直接消耗的材料、燃料和动力费用	（1）直接消耗的材料、燃料和动力费用	（1）研发活动直接消耗的材料、燃料和动力费用

续表

会计核算口径	高新技术企业认定口径	研发费用加计扣除口径
(2) 用于中间试验和产品试制的模具、工艺装备开发及制造费，样品、样机及一般测试手段购置费，试制产品的检验费等	(2) 用于中间试验和产品试制的模具、工艺装备开发及制造费，不构成固定资产的样品、样机及一般测试手段购置费，试制产品的检验费	(2) 用于中间试验和产品试制的模具、工艺装备开发及制造费，不构成固定资产的样品、样机及一般测试手段购置费，试制产品的检验费
(3) 用于研发活动的仪器、设备、房屋等固定资产的租赁费，设备调整及检验费，以及相关固定资产的运行维护、维修等费用	(3) 用于研发活动的仪器、设备的运行维护、调整、检验、检测、维修等费用，以及通过经营租赁方式租入的用于研发活动的固定资产租赁费	(3) 用于研发活动的仪器、设备的运行维护、调整、检验、维修等费用，以及通过经营租赁方式租入的用于研发活动的仪器、设备租赁费

折旧费用包括哪些？

折旧费用，是指用于研发活动的仪器、设备的折旧费，不包括用于研发活动的不动产的折旧费。

1. 用于研发活动的仪器、设备，同时用于非研发活动的，企业应对其仪器设备使用情况做必要记录，并将其实际发生的折旧费按实际工时占比等合理方法在研发费用和生产经营费用间分配，未分配的不得加计扣除。

2. 企业用于研发活动的仪器、设备，符合税法规定且选择加速折旧优惠政策的，在享受研发费用税前加计扣除政策时，就税前扣除的折旧部分计算加计扣除。折旧费用执行加速折旧的有关规定如下：

(1) 2016 年度企业所得税汇算清缴规定。

企业用于研发活动的仪器、设备，符合税法规定且选择加速折旧政策的，在加计扣除时就已经进行会计处理计算的折旧、费用的部分加计扣除，但不得超过按税法规定计算的金额。

（2）2017年度及以后年度企业所得税汇算清缴规定。

企业用于研发活动的仪器、设备，符合税法规定且选择加速折旧优惠政策的，在享受研发费用税前加计扣除政策时，就税前扣除的折旧部分计算加计扣除。

【案例1】A企业符合固定资产加速折旧政策条件，于2015年12月购进并投入使用一台价值1200万元的研发设备，会计处理按8年折旧，2016年折旧额150万元；税收上享受加速折旧政策按6年折旧，2016年折旧额200万元。此时会计折旧额小于税收折旧额，则：

2016年度汇算清缴申报加计扣除时，企业仅可就其会计处理的150万元计算加计扣除75万元。若该设备8年内用途未发生变化，每年均符合加计扣除政策规定，则企业8年内每年均可对其会计处理的“仪器、设备的折旧费”150万元进行加计扣除75万元。

2017年度及以后年度汇算清缴申报加计扣除政策时，企业可就其税前扣除的200万元折旧计算加计扣除100万元。若该设备6年内用途未发生变化，每年均符合加计扣除政策规定，则企业6年内每年均可对其税前的“仪器、设备的折旧费”200万元进行加计扣除100万元，不再需要根据比较会计、税收处理的孰小值确认加计扣除金额。

【案例2】承接上例，假设A企业会计处理按4年折旧，其他情形不变。企业2016年会计处理折旧额300万元，税收上可扣除的加速折旧额为200万元，此时会计折旧额大于税收折旧额，则2016年度、2017年度及以后年度申报加计扣除时，均仅可就其对其在实际会计处理上已确认且未超过税法规定的税前扣除金额200万元计算加计扣除100万元。若该设备6年内用途未发生变化，每年均符合加计扣除政策规定，则企业6年内每年均可对其会计处理的“仪器、设备的折旧费”200万元进行加计扣除100万元。

简要概括：2016年度税收与会计折旧取其孰小；2017年度及以后年度以税收折旧为准。

3. 会计核算口径、高新技术企业认定口径和研发费用加计扣除口径的折旧费用存在差异。

会计核算中的房屋折旧费不计入加计扣除税收规定口径。此外，在用建筑物的折旧费，研发设施的改建、改装、装修和修理过程中发生的长期待摊费用等可计入高新技术企业认定口径，但不计入加计扣除税收规定口径。具体详见表2－14。

表2－14　　不同口径下折旧费用的核算差异

会计核算	高新技术企业认定	研发费用加计扣除
用于研发活动的仪器、设备、房屋等固定资产的折旧费	用于研究开发活动的仪器、设备和在用建筑物的折旧费。研发设施的改建、改装、装修和修理过程中发生的长期待摊费用	用于研发活动的仪器、设备的折旧费

专门用于研发办公楼的折旧费用能否作为研发费加计扣除？

根据《财政部　国家税务总局　科技部关于完善研究开发费用税前加计扣除政策的通知》（财税〔2015〕119号）第

一条第（一）项规定，允许加计扣除的折旧费用为用于研发活动的仪器、设备的折旧费。

根据上述规定，可以加计扣除的折旧费用中不包括房屋、建筑物，所以专门用于研发的办公楼折旧费用不能作为研发费用加计扣除。

无形资产摊销包括哪些？

无形资产摊销，是指用于研发活动的软件、专利权、非专利技术（包括许可证、专有技术、设计和计算方法等）的摊销费用。

1. 用于研发活动的无形资产，同时用于非研发活动的，企业应对其无形资产使用情况做必要记录，并将其实际发生的摊销费按实际工时占比等合理方法在研发费用和生产经营费用间分配，未分配的不得加计扣除。

2. 用于研发活动的无形资产，符合税法规定且选择缩短摊销年限的，在享受研发费用税前加计扣除政策时，就税前扣除的摊销部分计算加计扣除。

具体计算方式同“折旧费用”部分。

需要注意的是，已计入无形资产但不属于财税〔2015〕119号文件中允许加计扣除研发费用范围的，企业摊销时不得计算加计扣除。

【案例】 某科技型中小企业2022年在无形资产资本化时，有40万元的研发人员办公通信费会计核算中被记入了研发费用，转入无形资产成本。但根据规定，办公通信费不能加计扣除，因此该企业100万元无形资产可以加计摊销的部分只有60万元，每年加计摊销额：60 ÷

10×200% =12（万元）。

3. 会计核算口径、高新技术企业认定口径和研发费用加计扣除口径的无形资产摊销费用存在差异。

高新技术企业认定口径的研发费用包含“知识产权”摊销，而加计扣除税收规定口径的研发费用包含“专利权”摊销，二者存在一定差异。具体见表2－15。

表2－15　不同口径下无形资产摊销费用的核算差异

会计核算	高新技术企业认定	加计扣除税收规定
用于研发活动的软件、专利权、非专利技术等无形资产的摊销费用	用于研究开发活动的软件、知识产权、非专利技术（专有技术、许可证、设计和计算方法等）的摊销费用	用于研发活动的软件、专利权、非专利技术（包括许可证、专有技术、设计和计算方法等）的摊销费用

新产品设计费等费用包括哪些？

1. 新产品设计费、新工艺规程制定费、新药研制的临床试验费、勘探开发技术的现场试验费，是指企业在新产品设计、新工艺规程制定、新药研制的临床试验、勘探开发技术的现场试验过程中发生的与开展该项活动有关的各类费用。

需要注意的是：设计费一般不包含的设计人工成本、相关设备的折旧或租赁费、材料的领用费，可分别计入人工费、直接投入费用、折旧费用，如果是找设计公司设计的，属于委托研发，登记辅助账。

会计核算口径、高新技术企业认定口径和研发费用加计扣除口径的新产品设计费等费用存在差异。

高新技术企业认定口径的研发费用包含装备调试费用和田

间试验费，而加计扣除口径的研发费用范围限于正列举范围。具体详见表2-16。

表2-16　不同口径下设计费等费用的核算差异

会计核算	高新技术企业认定	加计扣除税收规定
符合会计核算常规的设计试验费用	符合条件的设计费用、装备调试费用、试验费用（包括新药研制的临床试验费、勘探开发技术的现场试验费、田间试验费等）	新产品设计费、新工艺规程制定费、新药研制的临床试验费、勘探开发技术的现场试验费

其他相关费用包括哪些？

1. 其他相关费用，是指与研发活动直接相关的其他费用，包括技术图书资料费、资料翻译费、专家咨询费、高新科技研发保险费，研发成果的检索、分析、评议、论证、鉴定、评审、评估、验收费用，知识产权的申请费、注册费、代理费，差旅费、会议费、职工福利费、补充养老保险费、补充医疗保险费。

2. 2021年度及以后年度，全部研发项目的其他相关费用总额不得超过可加计扣除研发费用总额的10%。其他相关费用限额的计算方式调整为按全部项目统一计算，不再要求按每一项目分别计算。计算公式如下：

全部研发项目的其他相关费用限额＝全部研发项目的人员人工等五项费用之和×10%÷（1－10%）

公式中的“人员人工等五项费用”是指财税〔2015〕119号文件第一条第（一）项“允许加计扣除的研发费用”第1点至第5点所列费用，包括“人员人工费用”“直接投入费用”“折旧费用”“无形资产摊销”和“新产品设计费、新工艺规程制定费、新药研制的临床试验费、勘探开发技术的现场试验费”。其中，资本化项目发生的费用在形成无形资产的年度统一纳入计算。

当“其他相关费用”实际发生数小于限额时，按实际发生数计算税前加计扣除额；当“其他相关费用”实际发生数大于限额时，按限额计算税前加计扣除额。

【案例1】 甲公司2021年度有A、B两个研发项目。项目A发生人员人工等五项费用之和为90万元，其他相关费用为9万元；项目B发生人员人工等五项费用之和为100万元，其他相关费用为8万元。

（1）2021年度（不含）以前的计算方法：

项目A的其他相关费用限额：90×10%÷（1－10%）＝10（万元）

项目B的其他相关费用限额：100×10%÷（1－10%）＝11.11（万元）

按照孰小原则，即按实际发生额和限额孰小的原则，项目A实际发生的其他相关费用没有超过限额（9万元和10万元相比），可加计扣除的其他相关费用金额为9万元，项目B实际发生的其他相关费用没有超过限额（8万元和11.11万元相比），可加计扣除的其他相关费用金额为8万元。

两个项目允许加计扣除的其他相关费用：9＋8＝17（万元）

（2）2021年及以后年度的计算方法：

两个项目的其他相关费用限额：（90＋100）×10%÷（1－10%）＝21.11（万元）

两个项目的实际发生的其他相关费用：9＋8＝17（万元）

其他相关费用实际发生额没有超过限额，可全部加计扣除，也就是17万元。

在此情况，甲公司无论按照哪种方法，其可享受加计扣除政策的其他相关费用金额均为17万元，但新计算方法仅需按公式计算一次，计算更加简便。

【案例2】丙公司2021年度有A、B两个研发项目。项目A人员人工等五项费用之和为90万元，其他相关费用为12万元；项目B人员人工等五项费用之和为100万元，其他相关费用为8万元。

(1) 2021年度（不含）以前的计算方法：

项目A的其他相关费用限额：90×10%÷（1－10%）＝10（万元）

项目B的其他相关费用限额：100×10%÷（1－10%）＝11.11（万元）

按照孰小原则，项目A实际发生的其他相关费用已经超过限额（12万元和10万元相比），其他相关费用只能按照限额加计扣除，共10万元；项目B实际发生的其他相关费用没有超过限额（8万元和11.11万元相比），可全额加计扣除，共8万元。

两个项目允许加计扣除的其他相关费用：10＋8＝18（万元）

(2) 2021年及以后年度的计算方法：

两个项目的其他相关费用限额：（90+100）×10%÷（1-10%）=21.11（万元）

两个项目的实际发生的其他相关费用：12+8=20（万元）

其他相关费用实际发生额没有超过限额，可以全部加计扣除，共20万元。

因计算方法不同，丙公司可以加计扣除的其他相关费用出现了差异，按照新方法计算，丙公司发生的其他相关费用可以全部加计扣除，比之前的方法多加计扣除2万元。

综合以上两个案例可以看出，无论是计算结果还是计算次数，新的计算方法都是更有利于纳税人的。因为分项目计算其他相关费用限额的规定，对有不同研发项目的企业而言，有的研发项目其他相关费用占比不到10%，有的超过10%，但企业只能按二者金额孰小加计扣除，即不同研发项目的限额不能调剂使用。新的计算方法下，不同研发项目的限额可以先汇总，再整体按孰小原则判断，相当于允许限额在不同项目之间调剂使用，纳税人可以加计扣除的金额更大，进而享受优惠力度也更大。同时，对于每个项目均未超限额和均超过限额的情形，虽然两种计算方法的结果并无差别，但是新方法只计算一次，也是更加简便的处理方式。

3. 会计核算口径、高新技术企业认定口径和研发费用加计扣除口径的其他相关费用存在差异。

与会计核算口径不同的是，加计扣除口径及高新技术企业认定口径的研发费用范围中对其他相关费用总额有比例限制，并且加计扣除研发费用范围限于正列举范围。具体详见表2－17。

表2－17　不同口径下与研发活动直接相关的其他相关费用的核算差异

会计核算	高新技术企业认定	加计扣除税收规定
与研发活动直接相关的其他费用，包括技术图书资料费、资料翻译费、会议费、差旅费、办公费、外事费、研发人员培训费、培养费、专家咨询费、高新科技研发保险费用等。研发成果的论证、评审、验收、评估以及知识产权的申请费、注册费、代理费等费用	与研究开发活动直接相关的其他费用，包括技术图书资料费、资料翻译费、专家咨询费、高新科技研发保险费，研发成果的检索、论证、评审、鉴定、验收费用，知识产权的申请费、注册费、代理费，会议费、差旅费、通讯费等。此项费用一般不得超过研究开发总费用的20%，另有规定的除外	与研发活动直接相关的其他费用，如技术图书资料费、资料翻译费、专家咨询费、高新科技研发保险费，研发成果的检索、分析、评议、论证、鉴定、评审、评估、验收费用，知识产权的申请费、注册费、代理费，差旅费、会议费，职工福利费、补充养老保险费、补充医疗保险费。此项费用总额不超过可加计扣除研发费用总额的10%

不征税收入用于支出所形成的费用和折旧、摊销能否享受加计扣除？

企业不征税收入用于支出所形成的费用，不得在计算应纳税所得额时扣除；用于支出所形成的资产，其计算的折旧、摊销不得在计算应纳税所得额时扣除，上述费用和折旧、摊销形成的研发费用不能享受加计扣除优惠。

实务中，企业需要根据当年实际情况，通过计算，选择是否将符合条件的收入确认为不征税收入。

【案例】 某科技型中小企业企业取得符合《财政部 国家税务总局关于软件产品增值税政策的通知》(财税〔2011〕100号)规定的即征即退增值税款100万元，企业将上述即征即退增值税款专项用于软件产品研发和扩大再生产并单独进行核算(其中会计核算计入当年度研发费用60万元，同时也属于加计扣除范围)。根据《财政部 国家税务总局关于进一步鼓励软件产业和集成电路产业发展企业所得税政策的通知》(财税〔2012〕27号)规定，即征即退增值税款100万元可以作为不征税收入。

不征税收入在计算应纳税所得额时从收入总额中减除，即收入总额中减除100万元，同时用于支出所形成的费用100万元，不得在计算应纳税所得额时扣除，即计入当年度研发费用的60万元也不能享受加计扣除。如果企业将取得的即征即退增值税款100万元计入应纳税所得，则在扣除费用100万元的同时，可再享受研发费用加计扣除60万元。

研发产出的成品对外销售，要将产品耗用的人工、材料、水电等全部冲减可加计扣除的研发费用吗?

根据《国家税务总局关于研发费用税前加计扣除归集范围有关问题的公告》(国家税务总局公告2017年第40号)规定，企业研发活动直接形成产品或作为组成部分形成的产品对外销售的，研发费用中对应的材料费用不得加计扣除。

所以，研发活动形成的产品对外销售，应就产品中的材料费用冲减可以加计扣除的研发费用。产品销售与对应的材料费用发生在不同纳税年度且材料费用已计入研发费用的，可在销售当年以对应的材料费用发生额直接冲减当年的研发费用，不足冲减的，结转以后年度继续冲减。

研发过程中形成的下脚料、残次品、中间试制品等特殊收入如何处理？

企业取得研发过程中形成的下脚料、残次品、中间试制品等特殊收入，在计算确认收入当年的加计扣除研发费用时，应从已归集研发费用中扣减该特殊收入，不足扣减的，加计扣除研发费用按零计算。

科技型中小企业发生的委托其他单位的研发费用也可按照 100% 比例加计扣除吗？

对于科技型中小企业发生的委托研发费用，也属于该企业的研发费用，可以按规定适用 100% 比例加计扣除政策。具体为：企业委托境内外部机构或个人进行研发活动发生的费用，按照费用实际发生额的 80% 计入委托方研发费用并按 100% 的比例计算加计扣除；委托境外进行研发活动所发生的费用，按照费用实际发生额的 80% 计入委托方的委托境外研发费用。委托境外研发费用不超过境内符合条件的研发费用 2/3 的部分，可以按规定在企业所得税前按 100% 比例计算加计扣除。

委托研发的研发费用由谁扣除？需要留存哪些资料？

根据《国家税务总局关于企业研究开发费用税前加计扣除政策有关问题的公告》（国家税务总局公告 2015 年第 97 号）规定，企业委托外部机构或个人进行研发活动所发生的费用，可按规定税前扣除，加计扣除时按照费用实际发生额的 80% 计入委托方研发费用并计算加计扣除；委托个人研发的，应凭个人出具的发票等合法有效凭证在税前加计扣除。

注意，根据《财政部　国家税务总局　科技部关于完善研究开发费用税前加计扣除政策的通知》（财税〔2015〕119号）规定，企业委托外部机构或个人进行研发活动所发生的费用，是指委托方实际支付给受托方的费用，无论委托方是否享受研发费用税前加计扣除政策，受托方均不得再进行加计扣除；委托外部研究开发费用实际发生额应按照独立交易原则确定。委托方与受托方存在关联关系的，受托方应向委托方提供研发项目费用支出明细情况。

企业委托研发，须留存备查的资料如下：

（1）委托研究开发项目计划书和企业有权部门关于委托研究开发项目立项的决议文件；

（2）委托研究开发专门机构或项目组的编制情况和研发人员名单；

（3）经科技行政主管部门登记的委托研究开发项目的合同；

（4）从事研发活动的人员（包括外聘人员）和用于研发活动的仪器、设备、无形资产的费用分配说明（包括工作使用情况记录及费用分配计算证据材料）；

（5）“研发支出”辅助账及汇总表；

（6）企业如果已取得地市级（含）以上科技行政主管部门出具的鉴定意见，应作为资料留存备查；

（7）省税务机关规定的其他资料。

委托境外研发有什么注意事项？留存资料有何不同？

根据《财政部　税务总局　科技部关于企业委托境外研

究开发费用税前加计扣除有关政策问题的通知》（财税〔2018〕64号）规定，委托境外进行研发活动所发生的费用，按照费用实际发生额的80%计入委托方的委托境外研发费用。委托境外研发费用不超过境内符合条件的研发费用2/3的部分，可以按规定在企业所得税前加计扣除。上述费用实际发生额应按照独立交易原则确定。委托方与受托方存在关联关系的，受托方应向委托方提供研发项目费用支出明细情况。委托境外进行研发活动不包括委托境外个人进行的研发活动。

企业委托境外研发，须留存备查的资料如下：

（1）企业委托研发项目计划书和企业有权部门立项的决议文件；

（2）委托研究开发专门机构或项目组的编制情况和研发人员名单；

（3）经科技行政主管部门登记的委托境外研发合同；

（4）“研发支出”辅助账及汇总表；

（5）委托境外研发银行支付凭证和受托方开具的收款凭据；

（6）当年委托研发项目的进展情况等资料。

合作研发项目如何扣除？需要哪些资料？

根据财税〔2015〕119号文件规定，合作研发项目合作各方就自身实际承担的研发费用分别计算加计扣除。

企业合作研发，须留存备查的资料如下：

（1）合作研究开发项目计划书和企业有权部门关于合作研究开发项目立项的决议文件；

（2）合作研究开发专门机构或项目组的编制情况和研发

人员名单；

(3) 经科技行政主管部门登记的合作研究开发项目的合同；

(4) 从事研发活动的人员（包括外聘人员）和用于研发活动的仪器、设备、无形资产的费用分配说明（包括工作使用情况记录及费用分配计算证据材料）；

(5)“研发支出”辅助账及汇总表；

(6) 企业如果已取得地市级（含）以上科技行政主管部门出具的鉴定意见，应作为资料留存备查；

(7) 省税务机关规定的其他资料。

企业集团需要集中研发的项目如何扣除？需要哪些资料？

根据财税〔2015〕119号文件规定，企业集团根据生产经营和科技开发的实际情况，对技术要求高、投资数额大，需要集中研发的项目，其实际发生的研发费用，可以按照权利和义务相一致、费用支出和收益分享相配比的原则，合理确定研发费用的分摊方法，在受益成员企业间进行分摊，由相关成员企业分别计算加计扣除。

企业集团集中研发，须留存备查的资料如下：

(1) 自主研究开发项目计划书和企业有权部门关于自主研究开发项目立项的决议文件；

(2) 自主研究开发专门机构或项目组的编制情况和研发人员名单；

(3) 从事研发活动的人员（包括外聘人员）和用于研发活动的仪器、设备、无形资产的费用分配说明（包括工作使用情况记录及费用分配计算证据材料）；

（4）集中研发项目研发费决算表、集中研发项目费用分摊明细情况表和实际分享收益比例等资料；

（5）“研发支出”辅助账及汇总表；

（6）企业如果已取得地市级（含）以上科技行政主管部门出具的鉴定意见，应作为资料留存备查；

（7）省税务机关规定的其他资料。

季度预缴时可以享受研发费用加计扣除优惠吗？

2021年度以前，企业必须在汇算清缴时才能享受研发费用加计扣除政策，季度预缴时不得享受。根据《财政部 税务总局关于进一步完善研发费用税前加计扣除政策的公告》（财政部 税务总局公告2021年第13号）、《国家税务总局关于进一步落实研发费用加计扣除政策有关问题的公告》（国家税务总局公告2021年第28号）和《国家税务总局关于企业预缴申报享受研发费用加计扣除优惠政策有关事项的公告》（国家税务总局公告2022年第10号）规定，自2021年起，企业10月份预缴申报第3季度（按季预缴）或9月份（按月预缴）企业所得税时，可以自主选择就当年前3季度研发费用享受加计扣除优惠政策。对10月份预缴申报期未选择享受研发费用加计扣除优惠政策的，可以在办理当年度企业所得税汇算清缴时统一享受。企业在10月份预缴申报时，自行判断本年度符合科技型中小企业条件的，可选择暂按规定享受科技型中小企业研发费用加计扣除优惠政策，年度汇算清缴时再按照取得入库登记编号的情况确定是否可以享受科技型中小企业研发费用加计扣除优惠政策。

预缴享受加计扣除的研发费用是按会计口径归集还是按税收口径归集？

按照规定，企业在10月预缴申报第3季度（按季预缴）或9月（按月预缴）企业所得税时，选择享受研发费用加计扣除的，应根据享受加计扣除优惠的研发费用情况填写《A107012研发费用加计扣除优惠明细表》。该表是按税收口径填写的。

预缴申报时享受加计扣除优惠的，应按税收口径归集研发费用，并享受加计扣除。

季度预缴时享受研发费用加计扣除如何填报？

企业预缴享受研发费用加计扣除政策的，只需在《A200000中华人民共和国企业所得税月（季）度预缴纳税申报表（A类）》（见表2－18）第7行“减：免税收入、减计收入、加计扣除”项下的明细行次填报有关事项及加计扣除金额即可。

由于科技型中小企业制造业企业和非制造业企业加计扣除比例不同，企业在填报时需要注意：符合条件的科技型中小企业制造业企业，填报事项为“企业开发新技术、新产品、新工艺发生的研究开发费用加计扣除（科技型中小企业按100%加计扣除）”；其他行业企业，填报事项为“企业开发新技术、新产品、新工艺发生的研究开发费用加计扣除（非制造业企业按75%加计扣除）”。采用网络方式申报的纳税人，可以直接在下拉菜单中选择，无需人工填写。

表 2－18　A200000 中华人民共和国企业所得税

月（季）度预缴纳税申报表（A 类）

税款所属期间：　　年　月　日至　　年　月　日

纳税人识别号（统一社会信用代码）：□□□□□□□□□□□□□□□□□□□□

纳税人名称：　　　　　　　　　　金额单位：人民币元（列至角分）

优惠及附报事项有关信息									
项目	一季度		二季度		三季度		四季度		季度平均值
	季初	季末	季初	季末	季初	季末	季初	季末	
从业人数									
资产总额（万元）									
国家限制或禁止行业	□是　□否				小型微利企业				□是　□否
	附报事项名称								金额或选项
事项 1	（填写特定事项名称）								
事项 2	（填写特定事项名称）								
	预缴税款计算								本年累计
1	营业收入								
2	营业成本								
3	利润总额								
4	加：特定业务计算的应纳税所得额								
5	减：不征税收入								
6	减：资产加速折旧、摊销（扣除）调减额（填写 A201020）								
7	减：免税收入、减计收入、加计扣除（7.1＋7.2＋…）								
7.1	（填写优惠事项名称）								
7.2	（填写优惠事项名称）								
8	减：所得减免（8.1＋8.2＋…）								
8.1	（填写优惠事项名称）								
8.2	（填写优惠事项名称）								

2021 版研发支出辅助账样式有什么要求？

2015 年，国家税务总局发布《关于企业研究开发费用税前加计扣除政策有关问题的公告》（国家税务总局公告 2015 年第 97 号），明确了研发支出辅助账和汇总表样式（以下简称 2015 版研发支出辅助账样式），供企业参照使用，帮助企业规范研发费用核算。但是，部分中小微型企业在一定程度上财务核算水平较低，难以准确核算，填写辅助账有一定困难。为进一步做好研发费用税前加计扣除优惠政策贯彻落实工作，《国家税务总局关于进一步落实研发费用加计扣除政策有关问题的公告》（国家税务总局公告 2021 年第 28 号）制发了 2021 版研发支出辅助账和汇总表样式（以下简称 2021 版研发支出辅助账样式），与 2015 版研发支出辅助账样式相比，2021 版研发支出辅助账样式在以下方面进行了简化、优化：

（1）2021 版研发支出辅助账样式将 4 类辅助账样式合并为一类，使辅助账体系调整为“1 张辅助账 +1 张汇总表”，总体上减少了辅助账样式的数量。

（2）2021 版研发支出辅助账样式仅要求企业填写人员人工等六大类各类的合计费用，无须再填写各类费用中具体明细费用的情况。如，“人员人工费用”不再区分“直接从事研发人员工资”“直接从事研发人员五险一金”“外聘研发人员的劳务费用”等明细项目，“其他相关费用”也不再需要再区分具体项目并填写。取消明细项目后，企业填写负担大幅减轻。

（3）2021 版研发支出辅助账样式取消了“借方金额”“贷方金额”等项目，仅需填写会计凭证记载金额，减少了企业填写辅助账的工作量。

研发支出辅助账样式可以自主选择吗?

可以。2021 版研发支出辅助账样式发布后，2015 版研发支出辅助账样式继续有效，企业可自主选择使用。

企业可以自主设计研发支出辅助账样式吗?

可以。2015 版和 2021 版研发支出辅助账样式仅供纳税人参照使用，纳税人也可根据实际情况，自行设计辅助账样式。但为保证企业准确归集允许加计扣除的研发费用，且与《A107012 研发费用加计扣除优惠明细表》的数据项相匹配，企业自行设计的研发支出辅助账样式，应当包括 2021 版研发支出辅助账样式所列数据项，且逻辑关系一致。

如何理解研发费用加计政策的追溯享受规定?

追溯享受，是指企业追溯期内的符合条件研发费用由于各种原因作为一般性研发费用处理，应享未享加计扣除优惠，对于此类研发费用可在 3 年内按其金额的 50% 进行追溯加计扣除或摊销。

例如，企业 2018 年度符合条件的研发费未享受加计扣除，则其可在 2021 年度汇缴期间追溯至 2018 年享受。

如何设置研发费用会计科目?

企业应设置“研发支出”科目核算研发费用。对研究阶段支出与开发阶段支出应分别处理，企业内部研究开发项目研究阶段的支出，应当于发生时计入当期损益，完成研究后进入开发阶段所发生的支出在满足一定条件后允许资本化。

1. 研究阶段的支出属于费用化的范畴，支出发生时借记“研发支出——费用化支出”，期末转入“管理费用”。研发支出费用化会计处理：

（1）费用发生时：

借：研发支出——费用化支出

　　贷：原材料（或应付职工薪酬，现金等）

（2）月末结转时：

借：管理费用——研发费用

　　贷：研发支出——费用化支出

2. 开发阶段分两种情形：第一种情形，不符合资本化条件的时候，和研究阶段的处理相同；第二种情形，符合资本化条件，这时借记“研发支出——资本化支出”，“研发支出——资本化支出”科目的余额在编制资产负债表时填入开发支出，达到预定用途之后，结转到无形资产。

（1）研发阶段和开发阶段：

借：研发支出——费用化支出（研究阶段时）

　　　　　　——资本化支出（开发阶段）

　　贷：原材料（或应付职工薪酬、银行存款）

（2）已达到可使用状态时：

借：管理费用（按月结转管理费）

　　无形资产（已达到可使用状态）

　　贷：研发支出——费用化支出

　　　　　　　　——资本化支出

（3）研发失败的把前期计入无形资产的支出全部转费用：

借：管理费用——研发费用

　　贷：无形资产

　　　　研发支出——费用化支出

　　　　　　　　——资本化支出

（4）研发成功新产品入库后销售：

借：银行存款

　　贷：主营业收入

　　　　应交税费——应交增值税（销项税额）

借：主营业成本

　　贷：研发支出——费用化支出

　　　　　　　　——资本化支出

研发费用的费用化或资本化方面有特殊规定吗？

企业开展研发活动中实际发生的研发费用形成无形资产的，其税收上资本化的时点应与会计处理保持一致。根据《企业会计准则第6号——无形资产》第7条规定，企业内部研究开发项目的支出，应当区分研究阶段支出与开发阶段支出。

1. 研究阶段支出。

研究阶段，是指为获取新的科学或技术知识并理解它们而进行的独创性的有计划调查，主要是指为获取相关知识而进行的活动。考虑到研究阶段的探索性及其成果的不确定性，企业无法证明其能够带来未来经济利益的无形资产的存在，因此，对于企业内部研究开发项目，研究阶段的有关支出，应当在发生时全部费用化，计入当期损益（管理费用）。

2. 开发阶段支出。

开发阶段，是指在进行商业性生产或使用前，将研究成果或其他知识应用于某项计划或设计，以生产出新的或具有实质性改进的材料、装置、产品等，包括生产前或使用前的原型和模型的设计、建造和测试、小试、中试和试生产设施等。考虑到进入开发阶段的研发项目形成成果的可能性较大，因此，如果企业能够证明开发支出符合无形资产的定义及相关确认条件，则可将其确认为无形资产。具体来讲，对于企业内部研究开发项目，开发阶段的支出同时满足了下列条件的才能资本化，确认为无形资产，否则应当计入当期损益（管理费用）：

（1）完成该无形资产以使其能够使用或出售在技术上具有可行性。

（2）具有完成该无形资产并使用或出售的意图。

（3）无形资产产生经济利益的方式，包括能够证明运用该无形资产生产的产品存在市场或无形资产自身存在市场，无形资产将在内部使用的，应当证明其有用性。

（4）有足够的技术、财务资源和其他资源支持，以完成该无形资产的开发，并有能力使用或出售该无形资产。

（5）归属于该无形资产开发阶段的支出能够可靠地计量。

3. 无法区分研究阶段和开发阶段的支出。

无法区分研究阶段和开发阶段的支出，应当在发生时费用化，计入当期损益（管理费用）。费用化的研发支出，按照当年费用化的金额部分加计扣除，资本化的研发费用，按照形成的无形资产当年摊销额进行加计扣除。

研发费用加计部分需要进行账务处理吗？

不需要。加计扣除部分是指加成一定的比例作为计算应纳税所得额时的扣除数额进行加计扣除，仅仅是计算企业所得税应纳税所得额时扣除，不需要做任何账务处理。

申报研发费用加计扣除，需要事先备案吗？

不需要。企业享受研发费用加计扣除采取“自行判别、申报享受、相关资料留存备查”的办理方式，不需要事先备案。

需要留存哪些相关资料备查？

企业需准备研发支出辅助账，据此填写《A107012研发费用加计扣除优惠明细表》，与其他资料一并留存备查。

其他资料主要指的是《企业所得税优惠事项管理目录(2017年版)》（国家税务总局公告2018年第23号发布）中“开发新技术、新产品、新工艺发生的研究开发费用加计扣除”事项规定的主要留存备查资料，具体包括：

（1）自主、委托、合作研究开发项目计划书和企业有权部门关于自主、委托、合作研究开发项目立项的决议文件；

（2）自主、委托、合作研究开发专门机构或项目组的编制情况和研发人员名单；

（3）经科技行政主管部门登记的委托、合作研究开发项目的合同；

（4）从事研发活动的人员（包括外聘人员）和用于研发活动的仪器、设备、无形资产的费用分配说明（包括工作使用情况记录及费用分配计算证据材料）；

（5）集中研发项目研发费决算表、集中研发项目费用分摊明细情况表和实际分享收益比例等资料；

（6）“研发支出”辅助账及汇总表；

（7）企业如果已取得地市级（含）以上科技行政主管部门出具的鉴定意见，应作为资料留存备查。

上述绝大部分资料是企业进行研发活动或进行研发费用核算时已经形成的资料，只要将其整理归集齐全即可，一般不需要另外单独准备。如，自主、委托、合作研究开发项目计划书和企业有权部门关于自主、委托、合作研究开发项目立项的决议文件是企业开展研发活动的依据，是其日常管理活动中的已有资料。

2.3 小型微利企业减半征收企业所得税

2.3.1 政策概述

2.3.1.1 具体政策

1. 政策规定

对小型微利企业年应纳税所得额超过100万元但不超过300万元的部分，减按25%计入应纳税所得额，按20%的税率缴纳企业所得税。

2. 政策沿革

（1）根据《财政部　税务总局关于实施小微企业普惠性税收减免政策的通知》（财税〔2019〕13号）规定，自2019年1月1日起至2021年12月31日，对小型微利企业年应纳税所得额不超过100万元的部分，减按25%计入应纳税所得额，按20%的税率缴纳企业所得税；对年应纳税所得额超过100万元但不超过300万元的部分，减按50%计入应纳税所得额，按20%的税率缴纳企业所得税。

（2）根据《财政部　税务总局关于实施小微企业和个体工商户所得税优惠政策的公告》（财政部　税务总局公告2021年第12号）和《国家税务总局关于落实支持小型微利企业和个体工商户发展所得税优惠政策有关事项的公告》（国家税务总局公告2021年第8号）规定，自2021年1月1日起至2022年12月31日，对小型微利企业年应纳税所得额不超过100万元的部分，在《财政部　税务总局关于实施小微企业普惠性税收减免政策的通知》（财税〔2019〕13号）第二条规定的优惠政策基础上，再减半征收企业所得税，即对小型微利企业年应纳税所得额不超过100万元的部分，减按12.5%计入应纳税所得额，按20%的税率缴纳企业所得税。

（3）根据《财政部　税务总局关于进一步实施小微企业所得税优惠政策的公告》（财政部　税务总局公告2022年第13号）规定，自2022年1月1日起至2024年12月31日，对小型微利企业年应纳税所得额超过100万元但不超过300万元的部分，减按25%计入应纳税所得额，按20%的税率缴纳企业所得税。

2.3.1.2　适用范围

小型微利企业。

2.3.1.3　适用条件

小型微利企业，是指从事国家非限制和禁止行业，且同时符合年度应纳税所得额不超过300万元、从业人数不超过300人、资产总额不超过5000万元等三个条件的企业。

从业人数，包括与企业建立劳动关系的职工人数和企业接受的劳务派遣用工人数。所称从业人数和资产总额指标，应按企业全年的季度平均值确定。具体计算公式如下：

季度平均值＝（季初值＋季末值）÷2

全年季度平均值＝全年各季度平均值之和÷4

2.3.1.4 注意事项

年度中间开业或者终止经营活动的，以其实际经营期作为一个纳税年度确定上述相关指标。

2.3.1.5 执行期限

2022年1月1日至2024年12月31日。

2.3.1.6 政策依据

《财政部　税务总局关于进一步实施小微企业所得税优惠政策的公告》（财政部　税务总局公告2022年第13号）

小型微利企业减半征收企业所得税政策导图，可扫描右侧二维码查看。

2.3.2 实务答疑

小型微利企业减半征收所得税政策具体内容？

根据《企业所得税法》及其实施条例、《财政部　税务总局关于实施小微企业普惠性税收减免政策的通知》（财税〔2019〕13号）、《财政部　税务总局关于实施小微企业和个体工商户所得税优惠政策的公告》（财政部　税务总局公告

2021年第12号）、《财政部　税务总局关于进一步实施小微企业所得税优惠政策的公告》（财政部　税务总局公告2022年第13号）和《国家税务总局关于小型微利企业所得税优惠政策征管问题的公告》（国家税务总局公告2022年第5号）等规定：

自2021年1月1日至2022年12月31日，对小型微利企业年应纳税所得额不超过100万元的部分，减按12.5%计入应纳税所得额，按20%的税率缴纳企业所得税。

自2022年1月1日至2024年12月31日，对小型微利企业年应纳税所得额超过100万元但不超过300万元的部分，减按25%计入应纳税所得额，按20%的税率缴纳企业所得税（见表2－19）。

表2－19　　小型微利企业企业所得税政策

适用主体	小型微利企业	
优惠区间	0＜年应纳税所得额≤100万元	100万元＜年应纳税所得额≤300万元
政策规定	减按12.5%计入应纳税所得额，按20%的税率缴纳企业所得税	减按25%计入应纳税所得额，按20%的税率缴纳企业所得税
实际税负	2.5%	5%
执行期限	2021年1月1日至2022年12月31日	2022年1月1日至2024年12月31日
政策依据	财政部、税务总局公告2022年第13号 财政部、税务总局公告2021年第12号 财税〔2019〕13号	

个体工商户、个人独资企业、合伙企业可以享受小型微利企业普惠性所得税减免政策吗？

根据《企业所得税法》第一条规定，“在中华人民共和国境内，企业和其他取得收入的组织为企业所得税的纳税人”，“个人独资企业、合伙企业不适用本法”。因此，个体工商户、个人独资企业以及合伙企业不是企业所得税的纳税义务人，也就不能享受小型微利企业普惠性所得税减免政策。

什么是小型微利企业？

小型微利企业，是指符合财政部、税务总局规定的，可以享受小型微利企业优惠政策的居民企业，具体是指从事国家非限制和禁止行业，且同时符合年度应纳税所得额不超过300万元、从业人数不超过300人、资产总额不超过5000万元等三个条件的企业。目前，居民企业可按照《财政部　税务总局关于实施小微企业和个体工商户所得税优惠政策的公告》（财政部　税务总局公告2021年第12号）、《财政部　税务总局关于进一步实施小微企业所得税优惠政策的公告》（财政部　税务总局公告2022年第13号）相关规定，享受小型微利企业所得税优惠政策。今后如有政策调整，从其规定。具体是：

如何判断企业从事的行业是否属于国家限制和禁止行业？

国家限制和禁止行业可参照《产业结构调整指导目录（2019年本）》（2021年修订）规定的限制类和淘汰类和《外商投资产业指导目录（2017年修订）》中规定的限制外商投资产业目录、禁止外商投资产业目录列举的产业加以判断。

年度应纳税所得额如何计算？

《企业所得税法》第五条规定，企业每一纳税年度的收入总额，减除不征税收入、免税收入、各项扣除以及允许弥补的以前年度亏损后的余额，为应纳税所得额。

需要提醒的是，小型微利企业应纳税所得额300万元的标准，是享受了固定资产一次性扣除、研发费用加计扣除等优惠政策后，且已弥补以前年度亏损后的应纳税所得额。

【案例】某企业从事国家非限制和禁止行业，从业人数280人，资产总额3900万元，2022年度的收入总额，减除不征税收入、免税收入、各项扣除后是310万元，允许弥补的亏损25万元，那么该企业应纳税所得额为：310－25＝285（万元），该企业属于小型微利企业，能享受企业所得税有关税收优惠政策。

如何理解“应纳税所得额”与“实际利润额”概念？

“应纳税所得额”是税收上的概念。《企业所得税法》第五条规定，“企业每一纳税年度的收入总额，减除不征税收入、免税收入、各项扣除以及允许弥补的以前年度亏损后的余额，为应纳税所得额。”因此，“应纳税所得额”主要在企业纳税申报时使用。

“实际利润额”是会计上的概念。根据《企业所得税法实施条例》第一百二十七条规定，“企业根据企业所得税法第五十四条规定分月或分季预缴企业所得税时，应当按照月度或者季度的实际利润额预缴。”因此，“实际利润额”主要在按照实际利润额预缴的企业在预缴申报时使用。

从业人数和资产总额如何计算？

从业人数，包括与企业建立劳动关系的职工人数和企业接受的劳务派遣用工人数。从业人数和资产总额指标，应按企业全年的季度平均值确定。具体计算公式如下：

季度平均值＝（季初值＋季末值）÷2

全年季度平均值＝全年各季度平均值之和÷4

年度中间开业或者终止经营活动的，以其实际经营期作为一个纳税年度确定上述相关指标。

“实际经营期”的起始时间如何计算？

企业实际经营期的起始时间应为营业执照上注明的成立日期。

【案例】某年中设立的公司，9月取得营业执照，11月开始有营业外收入，“实际经营期”应该是9—12月，不是11—12月。

劳务派遣用工人数是否计入从业人数？

小微企业的从业人数，包括与企业建立劳动关系的职工人数和企业接受的劳务派遣用工人数，从业人数包括与企业建立劳动关系的职工人数和企业接受的劳务派遣用工人数，即劳务派遣用工人数计入了用人单位的从业人数。本着合理性原则，劳务派遣公司可不再将劳务派出人员重复计入本公司的从业人数。

不同政策中的“小微企业”有何区别？

1. 中型企业、小型企业和微型企业

适用税收政策：小微企业和制造业等行业增值税留抵退税

优惠政策。

具体标准：所称中型企业、小型企业和微型企业，按照《中小企业划型标准规定》（工信部联企业〔2011〕300号）和《金融业企业划型标准规定》（银发〔2015〕309号）中的营业收入指标、资产总额指标确定。其中，资产总额指标按照纳税人上一会计年度年末值确定。营业收入指标按照纳税人上一会计年度增值税销售额确定；不满一个会计年度的，按照以下公式计算：

增值税销售额（年）=上一会计年度企业实际存续期间增值税销售额/企业实际存续月数×12

所称增值税销售额，包括纳税申报销售额、稽查查补销售额、纳税评估调整销售额。适用增值税差额征税政策的，以差额后的销售额确定。

对于工信部联企业〔2011〕300号文件和银发〔2015〕309号文件所列行业以外的纳税人，以及工信部联企业〔2011〕300号文件所列行业但未采用营业收入指标或资产总额指标划型确定的纳税人，微型企业标准为增值税销售额（年）100万元以下（不含100万元）；小型企业标准为增值税销售额（年）2000万元以下（不含2000万元）；中型企业标准为增值税销售额（年）1亿元以下（不含1亿元）。

所称大型企业，是指除上述中型企业、小型企业和微型企业外的其他企业。

【政策依据：《财政部　税务总局关于进一步加大增值税期末留抵退税政策实施力度的公告》（财政部　税务总局公告2022年第14号）】

2. 小规模纳税人

适用税收政策：所有小规模纳税人。

具体标准：2021 年 4 月 1 日至 2022 年 12 月 31 日，月销售额 15 万元以下（含本数，按季申报，季度销售额 45 万元以下）的小规模纳税人，免征增值税。

【政策依据：《财政部　税务总局关于明确增值税小规模纳税人免征增值税政策的公告》（财政部　税务总局公告 2021 年第 11 号）】

3. 小规模纳税人（3% 征收率免征）

适用税收政策：所有小规模纳税人。

具体标准：自 2022 年 4 月 1 日至 2022 年 12 月 31 日，小规模纳税人适用 3% 征收率的应税销售收入，免征增值税；适用 3% 预征率的预缴增值税项目，暂停预缴增值税。

【政策依据：《财政部　税务总局关于对增值税小规模纳税人免征增值税的公告》（财政部　税务总局公告 2022 年第 15 号）】

4. 小型企业、微型企业

适用税收政策：2017 年 12 月 1 日至 2023 年 12 月 31 日，对金融机构向农户、小型企业、微型企业及个体工商户发放小额贷款取得的利息收入，免征增值税。

具体标准：所称小型企业、微型企业，是指符合《中小企业划型标准规定》（工信部联企业〔2011〕300 号）的小型企业和微型企业。其中，资产总额和从业人员指标均以贷款发放时的实际状态确定，营业收入指标以贷款发放前 12 个自然月的累计数确定，不满 12 个自然月的，按照以下公式计算：

营业收入（年）＝企业实际存续期间营业收入/企业实际存续月数×12

【政策依据：《财政部　税务总局关于支持小微企业融资有关税收政策的通知》（财税〔2017〕77号）】

5. 制造业中小微企业

适用税收政策：制造业中小微企业延缓缴纳部分税费政策。

具体标准：制造业小微企业是指国民经济行业分类中行业门类为制造业，且年销售额2000万元以下（不含2000万元）的企业。

制造业中型企业是指国民经济行业分类中行业门类为制造业，且年销售额2000万元以上（含2000万元）4亿元以下（不含4亿元）的企业。

销售额是指应征增值税销售额，包括纳税申报销售额、稽查查补销售额、纳税评估调整销售额。适用增值税差额征税政策的，以差额后的销售额确定。

【政策依据：《国家税务总局　财政部关于延续实施制造业中小微企业延缓缴纳部分税费有关事项的公告》（国家税务总局公告2022年第2号）】

6. 小微企业

适用税收政策：2022年1月1日至2024年12月31日，小规模纳税人、小型微利企业和个体工商户“六税两费”减免优惠政策。

具体标准：除小规模纳税人、个体工商户外，小型微利企业，是指从事国家非限制和禁止行业，且同时符合年度应纳税所得额不超过 300 万元、从业人数不超过 300 人、资产总额不超过 5000 万元等三个条件的企业。

从业人数，包括与企业建立劳动关系的职工人数和企业接受的劳务派遣用工人数。所称从业人数和资产总额指标，应按企业全年的季度平均值确定。具体计算公式如下：

季度平均值 =（季初值 + 季末值）÷2

全年季度平均值 = 全年各季度平均值之和 ÷4

年度中间开业或者终止经营活动的，以其实际经营期作为一个纳税年度确定上述相关指标。

小型微利企业的判定以企业所得税年度汇算清缴结果为准。登记为增值税一般纳税人的新设立的企业，从事国家非限制和禁止行业，且同时符合申报期上月末从业人数不超过 300 人、资产总额不超过 5000 万元等两个条件的，可在首次办理汇算清缴前按照小型微利企业申报享受第一条规定的优惠政策。

【政策依据：《财政部　税务总局关于进一步实施小微企业"六税两费"减免政策的公告》（财政部　税务总局公告 2022 年第 10 号）】

7. 小型微利企业

适用税收政策：小型微利企业所得税优惠。

具体标准：所称小型微利企业，是指从事国家非限制和禁止行业，且同时符合年度应纳税所得额不超过 300 万元、从业人数不超过 300 人、资产总额不超过 5000 万元等三个条件的企业。

从业人数，包括与企业建立劳动关系的职工人数和企业接受的劳务派遣用工人数。所称从业人数和资产总额指标，应按企业全年的季度平均值确定。具体计算公式如下：

季度平均值 =（季初值 + 季末值）÷2

全年季度平均值 = 全年各季度平均值之和 ÷4

年度中间开业或者终止经营活动的，以其实际经营期作为一个纳税年度确定上述相关指标。

企业设立不具有法人资格分支机构的，应当汇总计算总机构及其各分支机构的从业人数、资产总额、年度应纳税所得额，依据合计数判断是否符合小型微利企业条件。

政策依据：

（1）《财政部　税务总局关于进一步实施小微企业所得税优惠政策的公告》（财政部　税务总局公告 2022 年第 13 号）

（2）《财政部　税务总局关于实施小微企业和个体工商户所得税优惠政策的公告》（财政部　税务总局公告 2021 年第 12 号）

（3）《财政部　税务总局关于实施小微企业普惠性税收减免政策的通知》（财税〔2019〕13 号）

（4）《国家税务总局关于小型微利企业所得税优惠政策征管问题的公告（国家税务总局公告 2022 年第 5 号）

8. 科技型中小企业

适用税收政策：科技型中小企业研发费用加计扣除。

具体标准：科技型中小企业须同时满足以下条件：

（1）在中国境内（不包括港、澳、台地区）注册的居民企业。

（2）职工总数不超过 500 人、年销售收入不超过 2 亿元、资产总额不超过2亿元。

（3）企业提供的产品和服务不属于国家规定的禁止、限制和淘汰类。

（4）企业在填报上一年及当年内未发生重大安全、重大质量事故和严重环境违法、科研严重失信行为，且企业未列入经营异常名录和严重违法失信企业名单。

（5）企业根据科技型中小企业评价指标进行综合评价所得分值不低于60分，且科技人员指标得分不得为0分。

其中，科技型中小企业评价指标具体包括科技人员、研发投入、科技成果三类，满分100分。

①科技人员指标（满分20分）。按科技人员数占企业职工总数的比例分档评价。（具体分档略，下同）

②研发投入指标（满分50分）。企业从i、ii两项指标中选择一个指标进行评分。

i. 按企业研发费用总额占销售收入总额的比例分档评价。

ii. 按企业研发费用总额占成本费用支出总额的比例分档评价。

③科技成果指标（满分30分）。按企业拥有的在有效期内的与主要产品（或服务）相关的知识产权类别和数量（知识产权应没有争议或纠纷）分档评价。

（6）符合第上述第（1）～（4）项条件的企业，若同时符合下列条件中的一项，则可直接确认符合科技型中小企业条件：

①企业拥有有效期内高新技术企业资格证书；

②企业近五年内获得过国家级科技奖励，并在获奖单位中

排在前三名；

③企业拥有经认定的省部级以上研发机构；

④企业近五年内主导制定过国际标准、国家标准或行业标准。

【政策依据：《科技部　财政部　国家税务总局关于印发〈科技型中小企业评价办法〉的通知》（国科发政〔2017〕115号）】

9. 中小微企业

适用税收政策：在2022年1月1日至2022年12月31日期间，中小微企业新购置的设备、器具，单位价值在500万元以上的，按照单位价值的一定比例自愿选择在企业所得税税前扣除。

具体标准：所称中小微企业是指从事国家非限制和禁止行业，且符合以下条件的企业：

（1）信息传输业、建筑业、租赁和商务服务业：从业人员2000人以下，或营业收入10亿元以下或资产总额12亿元以下；

（2）房地产开发经营：营业收入20亿元以下或资产总额1亿元以下；

（3）其他行业：从业人员1000人以下或营业收入4亿元以下。

所称从业人数，包括与企业建立劳动关系的职工人数和企业接受的劳务派遣用工人数。

从业人数和资产总额指标，应按企业全年的季度平均值确定。具体计算公式如下：

季度平均值 =（季初值 + 季末值）÷2

全年季度平均值 = 全年各季度平均值之和 ÷4

年度中间开业或者终止经营活动的，以其实际经营期作为一个纳税年度确定上述相关指标。

【政策依据：《财政部　税务总局关于中小微企业设备器具所得税税前扣除有关政策的公告》（财政部　税务总局公告 2022 年第 12 号）】

不具有法人资格的分支机构，如何适用小型微利企业所得税优惠政策？

根据《企业所得税法》第五十条第二款规定，居民企业在中国境内设立不具有法人资格的营业机构的，应当汇总计算并缴纳企业所得税。现行企业所得税实行法人税制，企业应以法人为主体，计算并缴纳企业所得税。因此，企业设立不具有法人资格分支机构的，应当先汇总计算总机构及其各分支机构的从业人数、资产总额、年度应纳税所得额，再依据各指标的合计数判断是否符合小型微利企业条件。

亏损企业能否享受小型微利企业所得税优惠政策？

企业所得税对企业的“净所得”征税，只有盈利企业才会产生纳税义务。因此，小型微利企业所得税优惠政策，无论是减低税率政策还是减半征税政策，都是针对盈利企业而言的。因此，对于亏损的小型微利企业，当期无须缴纳企业所得税，其亏损可以在以后纳税年度结转弥补。

非居民企业可以享受小型微利企业所得税优惠政策吗？

根据《国家税务总局关于非居民企业不享受小型微利企业所得税优惠政策问题的通知》（国税函〔2008〕650 号）规

定，《企业所得税法》第二十八条规定的小型微利企业是指企业的全部生产经营活动产生的所得均负有我国企业所得税纳税义务的企业。因此，仅就来源于我国所得负有我国纳税义务的非居民企业，不适用对符合条件的小型微利企业减按20%税率征收企业所得税的政策。

小型微利企业如何计算实际应纳所得税额和减免税额？

小型微利企业年应纳税所得额不超过100万元、超过100万元但不超过300万元的部分，分别减按12.5%、25%计入应纳税所得额，按20%的税率缴纳企业所得税，实际税负分别下降至2.5%和5%。

【案例】A企业符合小型微利企业条件。2022年第1季度应纳税所得额为40万元。A企业在第1季度预缴申报时，可享受小型微利企业所得税优惠政策，实际应纳所得税额 = 40 × 12.5% × 20% = 1（万元），减免所得税额 = 40 × 25% − 1 = 9（万元）。

A企业2022年度累计应纳税所得额为150万元，可继续享受小型微利企业所得税优惠政策，实际应纳所得税额 = 100 × 12.5% × 20% + （150 − 100）× 25% × 20% = 5（万元），减免所得税额 = 150 × 25% − 5 = 32.5（万元）。

核定征收企业能否享受小型微利企业所得税优惠政策？

可以。《国家税务总局关于小型微利企业所得税优惠政策征管问题的公告》（国家税务总局公告2022年第5号）规定，小型微利企业无论按查账征收方式或核定征收方式缴纳企业所得税，均可享受小型微利企业所得税优惠政策。

小型微利企业预缴时可以享受优惠吗？

符合条件的小型微利企业，在预缴时就可以享受优惠，年度终了时，再统一汇算清缴，多退少补。

小型微利企业的企业所得税预缴期限如何确定？

为了推进办税便利化改革，《国家税务总局关于合理简并纳税人申报缴税次数的公告》（国家税务总局公告2016年第6号）规定，自2016年4月开始，小型微利企业统一实行按季度预缴企业所得税。因此，按月度预缴企业所得税的企业，在年度中间4月、7月、10月的纳税申报期进行预缴申报时，如果按照规定判断为小型微利企业的，其纳税期限将统一调整为按季度预缴。同时，为了避免年度内频繁调整纳税期限，国家税务总局公告2016年第6号规定，一经调整为按季度预缴，当年度内不再变更。

预缴企业所得税时，如何判断是否符合小型微利企业条件？

企业可直接按照当年度截至本期末的资产总额、从业人数、应纳税所得额等情况判断。资产总额、从业人数的计算方法具体参见相关问题，应计算截至本期申报所属期末的季度平均值；年度应纳税所得额指标暂按截至本期申报所属期末不超过300万元的标准判断。

预缴企业所得税时，企业从事国家非限制和禁止行业，可直接按当年度截至本期末的资产总额、从业人数、应纳税所得额等情况判断是否为小型微利企业。其中，资产总额、从业人数指标按照相关政策标准中“全年季度平均值”的计算公式，计算截至本期末的季度平均值。

【案例1】A企业于2020年成立，从事国家非限制和禁止行业，2022年各季度的资产总额、从业人数以及累计应纳税所得额情况如表2－20所示，A企业在预缴2022年度企业所得税时，判断是否符合小型微利企业条件的具体过程如表2－21所示。

表2－20　A企业2022年各季度的资产总额、从业人数以及累计应纳税所得额情况

季度	从业人数（人）		资产总额（万元）		应纳税所得额（累计值，万元）
	期初	期末	期初	期末	
第1季度	120	200	2000	4000	150
第2季度	400	500	4000	6600	200
第3季度	350	200	6600	7000	280
第4季度	220	210	7000	2500	350

表2－21　判断A企业是否符合小型微利企业条件的具体过程

指标		第1季度	第2季度	第3季度	第4季度
从业人数（人）	季初	120	400	350	220
	季末	200	500	200	210
	季度平均值	（120＋200）÷2＝160	（400＋500）÷2＝450	（350＋200）÷2＝275	（220＋210）÷2＝215
	截至本期末季度平均值	160	（160＋450）÷2＝305	（160＋450＋275）÷3＝295	（160＋450＋275＋215）÷4＝275
资产总额（万元）	季初	2000	4000	6600	7000
	季末	4000	6600	7000	2500
	季度平均值	（2000＋4000）÷2＝3000	（4000＋6600）÷2＝5300	（6600＋7000）÷2＝6800	（7000＋2500）÷2＝4750
	截至本期末季度平均值	3000	（3000＋5300）÷2＝4150	（3000＋5300＋6800）÷3＝5033.33	（3000＋5300＋6800＋4750）÷4＝4962.5

续表

指标	第1季度	第2季度	第3季度	第4季度
应纳税所得额（累计值，万元）	150	200	280	350
判断结果	符合	不符合（从业人数超标）	不符合（资产总额超标）	不符合（应纳税所得额超标）

A 企业预缴第 1 季度企业所得税时，可以享受小型微利企业所得税优惠政策；预缴第 2、3、4 季度企业所得税时，不可以享受小型微利企业所得税优惠政策。

【案例 2】 B 企业 2022 年 5 月成立，从事国家非限制和禁止行业，2022 年各季度的资产总额、从业人数以及累计应纳税所得额情况如表 2－22 所示，B 企业在预缴 2022 年度企业所得税时，判断是否符合小型微利企业条件的具体过程如表 2－23 所示。

表 2－22　　B 企业 2022 年各季度的资产总额、从业人数以及累计应纳税所得额情况

季度	从业人数（人）		资产总额（万元）		应纳税所得额（累计值，万元）
	期初	期末	期初	期末	
第2季度	100	200	1500	3000	200
第3季度	260	300	3000	5000	350
第4季度	280	330	5000	6000	280

表2-23　判断B企业是否符合小型微利企业条件的具体过程

指标		第2季度	第3季度	第4季度
从业人数（人）	季初	100	260	280
	季末	200	300	330
	季度平均值	(100+200)÷2=150	(260+300)÷2=280	(280+330)÷2=305
	截至本期末季度平均值	150	(150+280)÷2=215	(150+280+305)÷3=245
资产总额（万元）	季初	1500	3000	5000
	季末	3000	5000	6000
	季度平均值	(1500+3000)÷2=2250	(3000+5000)÷2=4000	(5000+6000)÷2=5500
	截至本期末季度平均值	2250	(2250+4000)÷2=3125	(2250+4000+5500)÷3=3916.67
应纳税所得额（累计值，万元）		200	350	280
判断结果		符合	不符合（应纳税所得额超标）	符合

B企业预缴第2、4季度企业所得税时，可以享受小型微利企业所得税优惠政策；预缴第3季度企业所得税时，不可以享受小型微利企业所得税优惠政策。

企业预缴企业所得税时，如何计算小型微利企业减免税额？

小型微利企业年应纳税所得额不超过100万元、超过100万元但不超过300万元的部分，分别减按12.5%、25%计入应纳税所得额，按20%的税率缴纳企业所得税。今后如调整政策，从其规定，计算方法以此类推。示例如下。

【案例】C企业2022年第1季度不符合小型微利企业条件，第2季度和第3季度符合小型微利企业条件，第1季度至第3季度预缴企业所得税时，相应的累计应纳税所得额分别为20万元、100万元、200万元。

C企业在预缴2022年第1季度至第3季度企业所得税时，实际应纳所得税额和减免税额的计算过程如表2-24所示。

表2-24 C企业预缴时实际应纳所得税额和减免税额的计算过程

计算过程	第1季度	第2季度	第3季度
预缴时，判断是否为小型微利企业	不符合小型微利企业条件	符合小型微利企业条件	符合小型微利企业条件
应纳税所得额（累计值，万元）	20	100	200
实际应纳所得税额（累计值，万元）	20×25%=5	100×12.5%×20%=2.5	100×12.5%×20%+(200-100)×25%×20%=7.5
本期应补（退）所得税额（万元）	5	0（2.5-5<0，本季度应缴税款为0）	7.5-5=2.5
已纳所得税额（累计值，万元）	5	5+0=5	5+0+2.5=7.5
减免所得税额（累计值，万元）	20×25%-5=0	100×25%-2.5=22.5	200×25%-7.5=42.5

C企业预缴2022年第1、2、3季度企业所得税时，分别减免企业所得税0元、22.5万元、42.5万元，分别缴纳企业所得税5万元、0元、2.5万元。

年度中间符合小型微利企业条件的，之前多预缴的税款如何处理？

原不符合小型微利企业条件的企业，在年度中间预缴企业所得税时，按照相关政策标准判断符合小型微利企业条件的，应按照截至本期预缴申报所属期末的累计情况，计算减免税额。当年度此前期间如因不符合小型微利企业条件而多预缴的企业所得税税款，可在以后季度应预缴的企业所得税税款中抵减。

预缴时享受，汇算清缴时发现不符合小型微利企业条件怎么办?

由于小型微利企业判断条件是年度性指标，因此企业在汇算清缴时需要准备计算相关指标并进行判断，符合条件的企业可以继续享受税收优惠政策，不符合条件的企业，停止享受优惠，正常进行汇算清缴即可。

企业享受小型微利企业所得税优惠政策，如何办理?

小型微利企业在预缴和汇算清缴企业所得税时均可享受优惠政策，享受政策时无需备案，通过填写企业所得税纳税申报表相关栏次，即可享受。对于通过电子税务局申报的小型微利企业，纳税人只需要填报从业人数、资产总额等基础信息，税务机关将为纳税人提供自动识别、自动计算、自动填报的智能服务，进一步减轻纳税人填报负担。

小微企业税收优惠政策可叠加其他减低税率的优惠政策同时享受吗?

西部大开发税收优惠政策、高新技术企业和海南自贸区企业所得税税率优惠政策等其他减低税率的优惠政策，不能与小型微利企业企业所得税优惠叠加享受。

需要提醒的是，高新技术企业低税率税收优惠与小型微利企业减半征收的“减半”不能叠加享受，即符合小型微利企业减半征收条件的高新技术企业不能叠加享受7.5%的税率，而非不能选择最优税率。

国家需要重点扶持的高新技术企业和享受西部大开发企业，减按15%的税率征收企业所得税，而从实际税负角度，小型微利企业减半征收对企业而言更优惠。也就是说，在同时符合高新技术企业、西部大开发企业、小型微利企业条件时，企业选择适用小型微利企业减半征收政策应纳税额更少。

【案例】企业2022年度同时符合高新技术企业和小型微利企业优惠，企业所得税应纳税所得额为240万元，不考虑其他情况。

（1）若选择享受高新技术企业税收优惠：

实际应纳税额＝240×15%＝36（万元）

减免税额＝240×25%－36＝24（万元）

（2）若选择享受小型微利企业税收优惠：

实际应纳税额＝100×12.5%×20%＋（240－100）×25%×20%＝9.5（万元）

减免税额＝240×25%－9.5＝50.5（万元）

小微企业税收优惠可叠加项目所得优惠政策同时享受吗？

根据《国家税务总局关于企业所得税年度汇算清缴有关事项的公告》（国家税务总局公告2021年第34号），企业所得税纳税申报表《A107040减免所得税优惠明细表》的第29行“二十九、项目所得额按法定税率减半征收企业所得税叠加享受减免税优惠”填表说明中明确：企业从事农林牧渔业项目、国家重点扶持的公共基础设施项目、符合条件的环境保护及节能节水项目、符合条件的技术转让、集成电路生产项目、其他专项优惠等所得额应按法定税率25%减半征收，同时享受小型微利企业、高新技术企业、技术先进型服务企业、集成电路生产企业、重点软件企业和重点集成电路设计企业等优惠税率政策，由于申报表填报顺序，按优惠税率减半叠加享受减免税优惠部分，应对该部分金额进行调整。

计算公式如下：

A = 需要进行叠加调整的减免所得税优惠金额

B = A × [（减半项目所得 × 50%）÷（纳税调整后所得 - 所得减免）]

本行填报 A 和 B 的孰小值。

其中，需要进行叠加调整的减免所得税优惠金额为本表中第1行到第28行的优惠金额，不包括免税行次和第21行。

根据上述规定，小型微利企业税收优惠政策与项目所得优惠政策不能同时叠加享受；同时填报的，应在《A107040 减免所得税优惠明细表》第29行调整。

【案例1】 甲公司从事非国家限制或禁止行业，2021年度的资产总额、从业人数符合小型微利企业条件，纳税调整后所得400万元，其中300万元是符合所得减半征收条件的花卉种植项目所得。甲公司以前年度结转待弥补亏损为0，不享受其他减免所得税额的优惠政策。此时，甲公司应先选择享受项目所得减半优惠政策，再享受小型微利企业所得税优惠政策，并对叠加享受减免税优惠部分进行调整，计算结果如表2－25所示：

表 2－25　　叠加享受减免税优惠计算表　　单位：万元

项目	计算
纳税调整后所得	400
所得减免	300×50%＝150
弥补以前年度亏损	0
应纳税所得额	400－150＝250
应纳所得税额	250×25%＝62.5
小型微利企业所得税优惠政策减免税额	100×（25%－12.5%×20%）＋（250－100）×（25%－50%×20%）＝45
叠加享受减免优惠金额	A＝45；B＝45×［（300×50%）÷（400－150）］＝27；A 和 B 的孰小值＝27
应纳税额	62.5－（45－27）＝44.5

【案例 2】乙公司从事非国家限制或禁止行业，2021 年度的资产总额、从业人数符合小型微利企业条件，纳税调整后所得 1000 万元，其中符合所得减半征收条件的花卉养殖项目所得 1200 万元，符合所得免税条件的林木种植项目所得 100 万元。乙公司以前年度结转待弥补亏损 200 万元，不享受其他减免所得税额的优惠政策。此时，乙公司应先选择享受项目所得减半优惠政策，再享受小型微利企业所得税优惠政策，并对叠加享受减免税优惠进行调整，计算结果如表 2－26 所示。

表 2－26　　叠加享受减免税优惠计算表　　单位：万元

项目	计算
纳税调整后所得	1000
所得减免	100＋1200×50%＝700

续表

项目	计算
弥补以前年度亏损	200
应纳税所得额	1000 - 700 - 200 = 100
应纳所得税额	100 × 25% = 25
小型微利企业所得税优惠政策减免税额	100 ×（25% - 12.5% × 20%）= 22.5
叠加享受减免优惠金额	A = 22.5；B = 22.5 ×［（1200 × 50%）÷（1000 - 700）］= 45；A 和 B 的孰小值 = 22.5
应纳税额	25 -（22.5 - 22.5）= 25

【案例3】丙公司从事非国家限制或禁止行业，2021年度的资产总额、从业人数符合小型微利企业条件，纳税调整后所得500万元，其中符合所得减半征收条件的花卉养殖项目所得150万元，符合所得免税条件的林木种植项目所得300万元。丙公司以前年度结转待弥补亏损20万元，不享受其他减免所得税额的优惠政策。此时，丙公司享受项目所得减半优惠政策、小型微利企业所得税优惠政策时，有两种处理方式，计算结果如表2-27所示。

表2-27　叠加享受减免税优惠计算表　单位：万元

项目	享受小型微利企业所得税优惠政策，但不享受项目所得减半优惠政策	先选择享受项目所得减半优惠政策，再享受小型微利企业所得税优惠政策，并对叠加部分进行调整
纳税调整后所得	500	500
所得减免	300	300 + 150 × 50% = 375
弥补以前年度亏损	20	20
应纳税所得额	500 - 300 - 20 = 180	500 - 375 - 20 = 105

续表

项目	享受小型微利企业所得税优惠政策，但不享受项目所得减半优惠政策	先选择享受项目所得减半优惠政策，再享受小型微利企业所得税优惠政策，并对叠加部分进行调整
应纳所得税额	180×25%=45	105×25%=26.25
小型微利企业所得税优惠政策减免税额	100×（25%－12.5%×20%）+（180－100）×（25%－50%×20%）=34.5	100×（25%－12.5%×20%）+（105－100）×（25%－50%×20%）=23.25
叠加享受减免优惠	0	A=23.25；B=23.25×[（150×50%）÷（500－375）]=13.95；A和B的孰小值=13.95
应纳税额	45－34.5=10.5	26.25－（23.25－13.95）=16.95

3 个人所得税

3.1 3 岁以下婴幼儿照护个人所得税专项附加扣除政策

3.1.1 政策概述

3.1.1.1 具体政策

纳税人照护 3 岁以下婴幼儿子女的相关支出，按照每个婴幼儿每月 1000 元的标准定额扣除。

父母可以选择由其中一方按扣除标准的 100% 扣除，也可以选择由双方分别按扣除标准的 50% 扣除，具体扣除方式在一个纳税年度内不能变更。

3.1.1.2 适用范围

3 岁以下婴幼儿的监护人。

3.1.1.3 适用条件

3 岁以下婴幼儿照护个人所得税专项附加扣除涉及的保障措施和其他事项，参照《个人所得税专项附加扣除暂行办法》（国发〔2018〕41 号印发）有关规定执行。

3.1.1.4 注意事项

1. 扣除方式：定额扣除。

2. 扣除标准：1000 元每月每个子女。

3. 扣除主体：父母（法定监护人）。

4. 扣除方式：

（1）父母（法定监护人）选择由其中一方按扣除标准的 100% 扣除；

（2）父母（法定监护人）选择由双方分别按扣除标准的 50% 扣除。

具体扣除方式在一个纳税年度内不能变更。

3.1.1.5　实施日期

自 2022 年 1 月 1 日起实施，2021 年度个人所得税综合所得汇算清缴时不能填报。

3.1.1.6　政策依据

1.《国务院关于设立 3 岁以下婴幼儿照护个人所得税专项附加扣除的通知》（国发〔2022〕8 号）

2.《国家税务总局关于修订发布〈个人所得税专项附加扣除操作办法（试行）〉的公告》（国家税务总局公告 2022 年第 7 号）

3 岁以下婴幼儿照护个人所得税专项附加扣除政策导图，可扫描右侧二维码查看。

3.1.2　实务答疑

3 岁以下婴幼儿照护专项附加扣除政策与现行六项专项附加扣除政策是如何衔接的？

3 岁以下婴幼儿照护专项附加扣除政策实施后，对纳税人照护3岁以下婴幼儿子女的相关支出，按照每名子女每月1000元的标准，在计算缴纳个人所得税前定额扣除。此外，按照现行专项附加扣除办法规定，纳税人子女年满3岁处于学前教育阶段或全日制学历教育阶段的，均可以按照每个子女每月1000元的标准，在计算缴纳个人所得税前定额扣除。纳税人接受继续教育、租房或买房的，可以享受继续教育、住房租金或住房贷款利息等专项附加扣除；纳税人自己或配偶、子女患大病的，也可以申报大病医疗专项附加扣除；纳税人赡养60岁以上父母的，还可以享受赡养老人专项附加扣除。总体上看，这七项专项附加扣除政策基本上考虑了纳税人不同阶段的负担情况。

纳税人可以在何时享受该政策？

《国务院关于设立3岁以下婴幼儿照护个人所得税专项附加扣除的通知》（国发〔2022〕8号）明确，该项政策自2022年1月1日起实施。按照个人所得税法相关规定，专项附加扣除可以在申报当月扣除，也可以在以后月份发工资时补充扣除；平时发工资没有扣除的，或者没有任职受雇单位的，也可以在次年办理汇算清缴时补充扣除。例如，纳税人的子女在2021年10月出生，自2022年1月1日起纳税人即符合专项附加扣除享受条件。纳税人4月将婴幼儿信息提供给任职受雇单位，单位在发放4月工资时即可为纳税人申报1—4月累计4000元的专项附加扣除。

纳税人如何补充享受之前月份的3岁以下婴幼儿照护专项附加扣除？

该政策虽然于2022年3月底发布，但自2022年1月1日起实施，如果纳税人希望在工资薪金发放时享受3岁以下婴幼儿照护专项附加扣除，可以通过手机个人所得税App填报扣除信息后，选择推送给任职受雇单位，单位在办税系统中更新纳税人的扣除信息后，在下次发工资时会自动为纳税人扣除从符合条件月份起到申报当月的累计扣除；如果纳税人希望在2022年度汇算时再享受，也可以在2023年3月1日至6月30日间，通过办理年度汇算补充符合条件月份的专项附加扣除。

【案例】如果纳税人的子女在2021年10月出生，自2022年1月1日起纳税人即符合专项附加扣除享受条件。纳税人4月将婴幼儿信息提供给任职受雇单位，单位在发放4月工资时即可为纳税人申报1—4月累计4000元的专项附加扣除；如果纳税人的子女在2022年2月出生，自2022年2月起纳税人即符合专项附加扣除享受条件，单位在发放4月工资时可为纳税人申报2—4月累计3000元的专项附加扣除。

3岁以下婴幼儿照护专项附加扣除由谁来扣除？

该项政策的扣除主体是3岁以下婴幼儿的监护人，包括生父母、继父母、养父母，父母之外的其他人担任未成年人的监护人的，可以比照执行。

不是亲生父母可以享受3岁以下婴幼儿照护专项附加扣除政策吗？

可以，但其必须是担任3岁以下婴幼儿监护人的人员。

婴幼儿子女是否仅指婚生子女？

婴幼儿子女包括婚生子女、非婚生子女、养子女、继子女等受到本人监护的3岁以下婴幼儿。

在国外出生的婴幼儿，其父母可以享受扣除吗？

可以。无论婴幼儿在国内还是国外出生，其父母都可以享受扣除。

享受 3 岁以下婴幼儿照护专项附加扣除的起算时间是什么？

从婴幼儿出生的当月至满 3 周岁的前一个月，纳税人可以享受这项专项附加扣除。

【案例】2022 年 5 月出生的婴幼儿，一直到 2025 年 4 月，其父母都可以按规定享受此项专项附加扣除政策。

3 岁以下婴幼儿照护专项附加扣除的金额能在父母之间分配吗？

可以。父母可以选择由其中一方按扣除标准的 100% 扣除，即一人按照每月 1000 元标准扣除；也可以选择由双方分别按扣除标准的 50% 扣除，即两人各按照每月 500 元扣除。这两种分配方式，父母可以根据情况自行选择。

3 岁以下婴幼儿照护专项附加扣除分配方式在选定之后还可以变更吗？

3 岁以下婴幼儿照护专项附加扣除，可以选择由父母一方扣除或者双方平摊扣除，选定扣除方式后在一个纳税年度内不能变更。

有多个婴幼儿的父母，可以对不同的婴幼儿选择不同的扣除方式吗？

可以。有多个婴幼儿的父母，可以对不同的婴幼儿选择不同的扣除方式。即可以对婴幼儿甲选择由一方按照每月 1000 元的标准扣除，对婴幼儿乙选择由双方分别按照每月 500 元的标准扣除。

对于存在重组情况的家庭而言，如何享受3岁以下婴幼儿照护专项附加扣除？

具体扣除方法由父母双方协商决定，一个孩子扣除总额不能超过每月1000元，扣除主体不能超过两人。

3岁以下婴幼儿照护专项附加扣除可以在每月发工资时就享受吗？

可以。纳税人通过手机个人所得税App或纸质《信息报告表》将有关信息提供给任职受雇单位后，单位根据个人的实际情况进行扣除，这样在每个月预缴个人所得税时就可以享受到减税红利。

纳税人在婴幼儿出生的当月没有享受专项附加扣除政策，后续还可以享受吗？

可以。如果纳税人在婴幼儿出生当月没有享受专项附加扣除，可以在当年的后续月份发工资时追溯享受专项附加扣除，也可以在次年办理汇算清缴时享受。

3岁以下婴幼儿专项附加扣除中的婴幼儿信息应当如何填报？

一般来讲，婴幼儿出生后，会获得载明其姓名、出生日期、父母姓名等信息的《出生医学证明》，纳税人可以通过手机个人所得税App或纸质《扣除信息表》填报子女信息。证件类型可选择“出生医学证明”，并填写相应编号和婴幼儿出生时间即可；婴幼儿已被赋予居民身份证号码的，证件类型也可选择“居民身份证”，并填写身份证号码和婴幼儿出生时间即可；婴幼儿名下是中国护照、外国护照、港澳居民来往内地通行证、台湾居民来往大陆通行证等身份证件信息，也可作为填报证件。

纳税人暂未取得婴幼儿《出生医学证明》等资料的，如何填报专项附加扣除？

纳税人暂未取得婴幼儿的出生医学证明和居民身份证号，可选择“其他个人证件”，并在备注中如实填写相关情况，不影响纳税人享受扣除。后续纳税人取得婴幼儿的出生医学证明或者居民身份证号的，及时补充更新即可。如果婴幼儿名下是中国护照、外国护照、港澳居民来往内地通行证、台湾居民来往大陆通行证等身份证件信息，也可以作为填报证件。

纳税人享受政策应当填报哪些信息？

纳税人享受3岁以下婴幼儿照护专项附加扣除，可以直接在个人所得税App上按照引导填报，也可以填写纸质的《信息报告表》，填报内容包括配偶及子女的姓名、身份证件类型（如身份证、子女《出生医学证明》等）及号码以及本人与配偶之间扣除分配比例等信息。

纳税人应当对报送的专项附加扣除信息的真实性、准确性、完整性负责。

享受3岁以下婴幼儿照护专项附加扣除需要提交资料吗？

3岁以下婴幼儿照护专项附加扣除与其他六项专项附加扣除一样，实行“申报即可享受、资料留存备查”的服务管理模式。纳税人在申报享受时，可通过手机个人所得税App填报或向单位提供婴幼儿子女的姓名、证件类型及号码、以及本人与配偶之间扣除分配比例等信息即可，无需向税务机关报送证明资料。纳税人需要将子女的《出生医学证明》等资料留存备查。

3 岁以下婴幼儿照护专项附加扣除需要发票吗？

不需要发票，只需要按规定填报相关信息即可享受政策。

如何填报 3 岁以下婴幼儿照护专项附加扣除信息较为方便快捷？

纳税人通过手机个人所得税 App 填报 3 岁以下婴幼儿照护专项附加扣除信息，既可以推送给任职受雇单位在预扣预缴阶段享受扣除，也可以在办理汇算清缴时享受，全程“非接触”办税，无需填报纸质申报表，较为方便快捷。

3.2 医务人员和防疫工作者临时性补助、奖金及单位发给个人的预防药品等实物的个人所得税优惠政策

3.2.1 具体政策

对参加疫情防治工作的医务人员和防疫工作者按照政府规定标准取得的临时性工作补助和奖金，免征个人所得税。政府规定标准包括各级政府规定的补助和奖金标准。对省级及省级以上人民政府规定的对参与疫情防控人员的临时性工作补助和奖金，比照执行。

单位发给个人用于预防新型冠状病毒感染的肺炎的药品、医疗用品和防护用品等实物（不包括现金），不计入工资、薪金收入，免征个人所得税。

3.2.2 适用范围

参加疫情防治工作的医务人员和防疫工作者、取得单位发

放预防新冠肺炎实物的个人。

3.2.3 适用条件

1. 享受优惠政策的主体是参加疫情防治工作的医务人员和防疫工作者。

2. 取得是按照政府规定标准发放的临时性工作补助和奖金。

3. 单位发给个人用于预防新型冠状病毒感染的肺炎的药品、医疗用品和防护用品等实物。

3.2.4 注意事项

1. 发放的临时性工作补助和奖金，没有规定资金来源必须是财政性资金，只要是按照政府规定标准发放的临时性工作补助和奖金都可以适用。其中：对参加疫情防控工作的医务人员和防疫工作者取得的各级政府规定标准的临时性工作补助和奖金免征个人所得税；对参加疫情防控工作的其他人员取得的省级及省级以上政府规定标准的临时性工作补贴和奖金免征个人所得税。

2. 参加新冠肺炎疫情防治工作的医务人员和防疫工作者的确定的政府规定标准，其中政府规定标准，包括各级政府规定的补助和奖金标准。对于上述以外的其他参与疫情防控人员，应按照省级及省级以上人民政府规定有关标准执行。

3. 单位发给个人用于预防新型冠状病毒感染的肺炎的药品、医疗用品和防护用品等实物（不包括现金）不计入工资、薪金收入，免征个人所得税。

考虑到药品、医疗用品、防护用品种类很多，政策上难以将其一一正列举，因此原则上，只要是与预防新冠肺炎直接相关的药品、医疗用品、防护用品物资，如口罩、护目镜、消毒液、手套、防护服等，都可以享受该项免税规定。

4. 考虑到目前相关人员正在疫情防治一线，其单位同样承担较重防治任务，为切实减轻有关人员及其单位负担，此次对参加疫情防治工作的医务人员和防疫工作者取得的临时性工作补助和奖金享受免征个人所得税优惠时，支付单位无需申报，仅将发放人员名单及金额留存备查即可。

3.2.5 执行期限

自 2020 年 1 月 1 日至 2023 年 12 月 31 日。

3.2.6 政策依据

1.《财政部　税务总局关于支持新型冠状病毒感染的肺炎疫情防控有关个人所得税政策的公告》（财政部　税务总局公告 2020 年第 10 号）

2.《财政部　税务总局关于支持疫情防控保供等税费政策实施期限的公告》（财政部　税务总局公告 2020 年第 28 号）

3.《财政部　税务总局关于延续实施应对疫情部分税费优惠政策的公告》（财政部　税务总局公告 2021 年第 7 号）

4.《财政部　税务总局关于延长部分税收优惠政策执行期限的公告》（财政部　税务总局公告 2022 年第 4 号）

医务人员和防疫工作者临时性补助、奖金及单位发给个人的预防药品等实物的个人所得税优惠政策导图，可扫描右侧二维码查看。

4 其他税费及征管政策

4.1　扩大“六税两费”减免适用范围

4.1.1　政策概述

4.1.1.1　具体政策

1. 具体政策

对小规模纳税人、小型微利企业和个体工商户，按照50%税额幅度减征资源税、城市维护建设税、房产税、城镇土地使用税、印花税（不含证券交易印花税）、耕地占用税和教育费附加、地方教育附加。

2. 政策沿革

根据《财政部　税务总局关于实施小微企业普惠性税收减免政策的通知》（财税〔2019〕13号）规定，自2019年1月1日至2021年12月31日，由省、自治区、直辖市人民政府根据本地区实际情况，以及宏观调控需要确定，对小规模纳税人可以在50%的税额幅度内减征资源税、城市维护建设税、房产税、城镇土地使用税、印花税（不含证券交易印花税）、耕地占用税和教育费附加、地方教育附加。

根据《财政部 税务总局关于进一步实施小微企业“六税两费”减免政策的公告》（财政部 税务总局公告2022年第10号）规定，自2022年1月1日至2024年12月31日，由省、自治区、直辖市人民政府根据本地区实际情况，以及宏观调控需要确定，对小规模纳税人、小型微利企业和个体工商户可以在50%的税额幅度内减征资源税、城市维护建设税、房产税、城镇土地使用税、印花税（不含证券交易印花税）、耕地占用税和教育费附加、地方教育附加。

纳税人已依法享受资源税、城市维护建设税、房产税、城镇土地使用税、印花税、耕地占用税、教育费附加、地方教育附加其他优惠政策的，可叠加享受该公告第一条规定的优惠政策。

31个省、自治区、直辖市均已明确，小微企业“六税两费”减免政策按50%幅度顶格减征。

4.1.1.2 适用范围

小规模纳税人、小型微利企业、个体工商户。

4.1.1.3 适用条件

所称小型微利企业，是指从事国家非限制和禁止行业，且同时符合年度应纳税所得额不超过300万元、从业人数不超过300人、资产总额不超过5000万元等三个条件的企业。

从业人数，包括与企业建立劳动关系的职工人数和企业接受的劳务派遣用工人数。所称从业人数和资产总额指标，应按企业全年的季度平均值确定。具体计算公式如下：

季度平均值＝（季初值＋季末值）÷2

全年季度平均值＝全年各季度平均值之和÷4

年度中间开业或者终止经营活动的，以其实际经营期作为一个纳税年度确定上述相关指标。

小型微利企业的判定以企业所得税年度汇算清缴结果为准。登记为增值税一般纳税人的新设立的企业，从事国家非限制和禁止行业，且同时符合申报期上月末从业人数不超过 300 人、资产总额不超过 5000 万元等两个条件的，可在首次办理汇算清缴前按照小型微利企业申报享受在 50% 的税额幅度内减征“六税两费”的优惠政策。

4.1.1.4　注意事项

小规模纳税人、小型微利企业和个体工商户已依法享受资源税、城市维护建设税、房产税、城镇土地使用税、印花税、耕地占用税、教育费附加、地方教育附加其他优惠政策的，可叠加享受在 50% 的税额幅度内减征“六税两费”的优惠政策。

4.1.1.5　执行期限

2022 年 1 月 1 日至 2024 年 12 月 31 日。

4.1.1.6　政策依据

1.《财政部　税务总局关于进一步实施小微企业“六税两费”减免政策的公告》（财政部　税务总局公告 2022 年第 10 号）

2.《国家税务总局关于进一步实施小微企业“六税两费”减免政策有关征管问题的公告》（国家税务总局公告 2022 年第 3 号）

扩大“六税两费”适用范围政策导图，可扫描右侧二维码查看。

4.1.2 实务答疑

本次“六税两费”减免政策的主要内容是什么？

《财政部 税务总局关于进一步实施小微企业“六税两费”减免政策的公告》（财政部 税务总局公告2022年第10号，以下简称10号公告）规定，自2022年1月1日至2024年12月31日，由省、自治区、直辖市人民政府根据本地区实际情况，以及宏观调控的需要，对小规模纳税人、小型微利企业和个体工商户可以在50%的税额幅度内减征资源税、城市维护建设税、房产税、城镇土地使用税、印花税（不含证券交易印花税）、耕地占用税和教育费附加、地方教育附加。《国家税务总局关于进一步实施小微企业“六税两费”减免政策有关征管问题的公告》（国家税务总局公告2022年第3号，以下简称3号公告）对有关征收管理事项作出了细化规定，包括小型微利企业减免政策的适用、小规模纳税人向一般纳税人转换时减免政策的适用、优惠政策的办理以及申报表的修订等内容。

各省市“六税两费”税额幅度各是多少？

截至2022年6月底，31个省、自治区、直辖市均已发文明确，小微企业“六税两费”按50%幅度顶格减征。大连、青岛、宁波、厦门、深圳5个计划单列市按照本省规定执行。

总体来讲，本次“六税两费”减免政策是对原有“六税两费”减免政策的扩围，体现四个特点：

一是扩大适用主体范围。政策适用主体范围由小规模纳税人扩大至全部小型微利企业和个体工商户。

二是延续减免幅度。各省（自治区、直辖市）人民政府可以因地制宜在50%的幅度内确定减征“六税两费”。

三是细化了小型微利企业的判定方法。按照企业所得税有关规定，纳税人在办理年度汇算清缴后才能最终确定是否属于小型微利企业。为增强政策的确定性和可操作性，避免因汇算清缴后的追溯调整增加纳税人办税负担，10号公告和3号公告对小型微利企业的具体判定方法进行了分类细化。

四是持续简化办税流程。本次减免优惠继续实行自行申报享受方式，纳税人不需额外提交资料。

同时，对《财产和行为税减免税明细申报附表》等4个申报表单进行了修订，增强了优惠享受的便利度。

“六税两费”减免政策与其他税收优惠可以叠加享受吗？

按照10号公告规定，小规模纳税人、小型微利企业和个体工商户已依法享受资源税、城市维护建设税、房产税、城镇土地使用税、印花税、耕地占用税、教育费附加、地方教育附加其他优惠政策的，可叠加享受“六税两费”减免政策。值得注意的是，应先行享受其他相关优惠，最后叠加享受“六税两费”减征税收优惠。

【案例】个人和企事业单位出租住房的房产税原优惠政策是减按4%税率征收，如果某省确定的小规模纳税人房产税减征比例为50%，政策叠加享受后，可在减按4%税率征收的基础上再减征一半，即实际按2%的税率征收。

哪些纳税人可享受本次“六税两费”减免政策？

按照10号公告规定，小规模纳税人、小型微利企业和个体工商户等三类主体均可以申报享受“六税两费”减免政策。

因此，只要纳税人符合小规模纳税人、个体工商户或小型微利企业任意一个身份就可以享受优惠政策。

一般纳税人可享受本次“六税两费”减免政策吗？

按照10号公告规定，小规模纳税人、小型微利企业和个体工商户等三类主体均可以申报享受“六税两费”减免政策。

因此，增值税一般纳税人只要符合小型微利企业或个体工商户任一身份，也是可以申报享受本次“六税两费”减免优惠的。

合伙企业可享受本次“六税两费”减免政策吗？

按照10号公告规定，小规模纳税人、小型微利企业和个体工商户等三类主体均可以申报享受“六税两费”减免政策。

合伙企业，是指自然人、法人和其他组织依照《中华人民共和国合伙企业法》在中国境内设立的，由两个或两个以上的自然人通过订立合伙协议，共同出资经营、共负盈亏、共担风险的企业组织形式。而个体工商户是指生产资料属于私人所有，主要以个人劳动为基础，劳动所得归个体劳动者自已支配的一种经济形式。因此，合伙企业不可能同时是个体工商户。

此外，小型微利企业属于企业所得税纳税人的分类口径，合伙企业不属于企业所得税纳税人。因此，合伙企业也不可能同时是小型微利企业。

因此，只有当合伙企业是小规模纳税人时，才可以申报享受本次“六税两费”减免优惠。换句话说，如果合伙企业已登记为增值税一般纳税人，则不可再申报享受本次“六税两费”减免政策优惠了。

个人独资企业可享受本次“六税两费”减免政策吗？

按照 10 号公告规定，小规模纳税人、小型微利企业和个体工商户等三类主体均可以申报享受“六税两费”减免政策。

个人独资企业，是指依照《中华人民共和国个人独资企业法》在中国境内设立，由一个自然人投资，全部资产为投资人个人所有，投资人以其个人（或者家庭）财产对企业债务承担无限责任的经营实体。因此，个人独资企业不可能同时是个体工商户。

此外，小型微利企业属于企业所得税纳税人的分类口径，个人独资企业不属于企业所得税纳税人。因此，个人独资企业不可能同时是小型微利企业。

因此，只有当个人独资企业是小规模纳税人时，才可以申报享受本次“六税两费”减免优惠的。换句话说，个人独资企业如果已登记为增值税一般纳税人，则不可再申报享受本次“六税两费”减免政策优惠了。

自然人可享受本次“六税两费”减免政策吗？

按照 10 号公告规定，增值税小规模纳税人、小型微利企业和个体工商户等三类主体均可以申报享受“六税两费”减免政策。

根据《增值税暂行条例》第一条规定，“在中华人民共和国境内销售货物或者加工、修理修配劳务，销售服务、无形资产、不动产以及进口货物的单位和个人，为增值税的纳税人，应当缴纳增值税”；第十三条规定，“小规模纳税人以外的纳税人应向主管税务机关办理登记”。

《增值税暂行条例实施细则》第九条第二款规定，“条例第一条所称个人，是指个体工商户和其他个人”；第二十九条规定，“年应税销售额超过小规模纳税人标准的其他个人按小规模纳税人纳税”。

《增值税一般纳税人登记管理办法》第二条规定，“增值税纳税人，年应税销售额超过财政部、国家税务总局规定的小规模纳税人标准的，除本办法第四条规定外，应当向主管税务机关办理一般纳税人登记”；第四条第（二）项规定，“年应税销售额超过规定标准的其他个人，不办理一般纳税人登记”。

《国家税务总局关于增值税一般纳税人登记管理若干事项的公告》（国家税务总局公告 2018 年第 6 号）第三条规定，“《增值税一般纳税人登记管理办法》第四条第（二）项所称的‘其他个人’是指自然人”。

根据上述文件规定，自然人属于小规模纳税人，是可以申报享受本次“六税两费”减免优惠的。

“六税两费”减免政策所说的“小型微利企业”指的是哪些企业？

“六税两费”减免政策中的“小型微利企业”基本延用了企业所得税管理中的“小型微利企业”标准，即小型微利企业的判定应以企业所得税年度汇算清缴结果为准。根据现行企业所得税政策规定，小型微利企业是指从事国家非限制和禁止行业，且同时符合年度应纳税所得额不超过 300 万元、从业人数不超过 300 人、资产总额不超过 5000 万元等三项条件的企业。

小规模纳税人、个体工商户需要符合小型微利企业才能享受“六税两费”减免政策吗？

不需要。按照10号公告规定，增值税纳税人、小型微利企业和个体工商户等三类主体均可以申报享受“六税两费”减免政策。

也就是说，纳税人符合小规模纳税人、个体工商户或小型微利企业任意一个身份就可以享受优惠政策。

本次“六税两费”减免政策中小型微利企业的判定标准是什么？

根据10号公告规定，所称小型微利企业，是指从事国家非限制和禁止行业，且同时符合年度应纳税所得额不超过300万元、从业人数不超过300人、资产总额不超过5000万元等三个条件的企业。

从业人数，包括与企业建立劳动关系的职工人数和企业接受的劳务派遣用工人数。所称从业人数和资产总额指标，应按企业全年的季度平均值确定。具体计算公式如下：

季度平均值 =（季初值 + 季末值）÷2

全年季度平均值 = 全年各季度平均值之和 ÷4

年度中间开业或者终止经营活动的，以其实际经营期作为一个纳税年度确定上述相关指标。

小型微利企业的判定以企业所得税年度汇算清缴结果为准。登记为增值税一般纳税人的新设立的企业，从事国家非限制和禁止行业，且同时符合申报期上月末从业人数不超过300人、资产总额不超过5000万元等两个条件的，可在首次办理汇算清缴前按照小型微利企业申报享受“六税两费”减免优惠。

增值税一般纳税人如何判断是否属于“小型微利企业”？

按照3号公告规定：

1. 适用“六税两费”减免政策的小型微利企业的判定以企业所得税年度汇算清缴（以下简称汇算清缴）结果为准。登记为增值税一般纳税人的企业，按规定办理汇算清缴后确定是小型微利企业的，除新设立企业外，可自办理汇算清缴当年的7月1日至次年6月30日申报享受“六税两费”减免优惠；2022年1月1日至6月30日期间，纳税人依据2021年办理2020年度汇算清缴的结果确定是否按照小型微利企业申报享受“六税两费”减免优惠。

2. 登记为增值税一般纳税人的新设立企业，从事国家非限制和禁止行业，且同时符合申报期上月末从业人数不超过300人、资产总额不超过5000万元两项条件的，按规定办理首次汇算清缴申报前，可按照小型微利企业申报享受“六税两费”减免优惠。

登记为增值税一般纳税人的新设立企业，从事国家非限制和禁止行业，且同时符合设立时从业人数不超过300人、资产总额不超过5000万元两项条件的，设立当月依照有关规定按次申报有关“六税两费”时，可申报享受“六税两费”减免优惠。

按规定办理首次汇算清缴后确定不属于小型微利企业的一般纳税人，自办理汇算清缴的次月1日至次年6月30日，不得再申报享受“六税两费”减免优惠；按次申报的，自首次办理汇算清缴确定不属于小型微利企业之日起至次年6月30日，不得再申报享受“六税两费”减免优惠。

新设立企业按规定办理首次汇算清缴后，按规定申报当月及之前的“六税两费”的，依据首次汇算清缴结果确定是否可申报享受减免优惠。

新设立企业按规定办理首次汇算清缴申报前，已按规定申报缴纳“六税两费”的，不再根据首次汇算清缴结果进行更正。

3. 登记为增值税一般纳税人的小型微利企业、新设立企业，逾期办理或更正汇算清缴申报的，应当依据逾期办理或更正申报的结果，按照3号公告第1项、第2项规定的“六税两费”减免税期间申报享受减免优惠，并应当对“六税两费”申报进行相应更正。

综上，判断流程见图4－1。

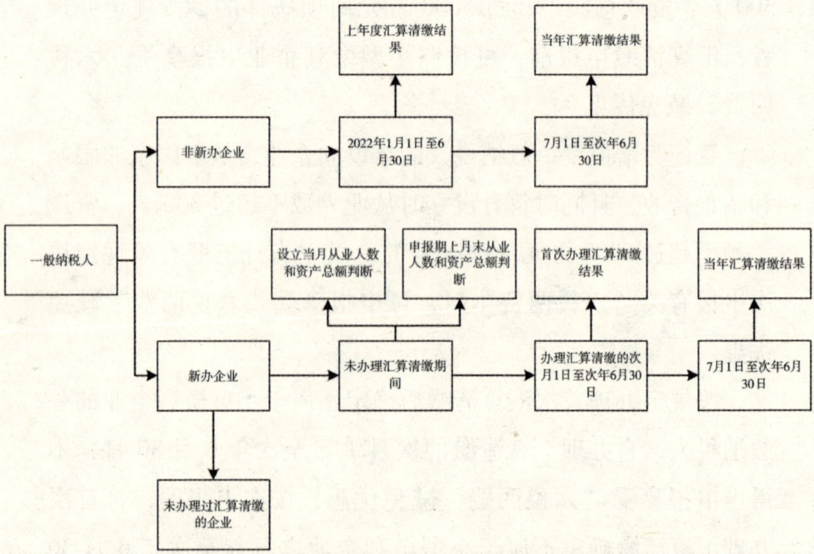

图4－1　一般纳税人如何判断是否属于“小型微利企业”流程

如何理解判断“小型微利企业”时“首次汇算清缴”的概念?

首次汇算清缴是指企业成立后，在次年5月底前向税务机关报送成立当年的企业所得税纳税申报表，并汇算清缴，结清应缴应退税款。

已办理企业所得税汇算清缴的增值税一般纳税人，如何判断能否享受“六税两费”减免优惠?

这里需要区分两种情况。一是“非新设立企业”已办理本年度企业所得税汇算清缴的情况；二是“新设立企业”已完成首次汇算清缴的情况，其中新设立企业是指成立后到本次汇算清缴前尚未办理过企业所得税汇算清缴的增值税一般纳税人企业。

第一种情况：“非新设立企业”已完成本年度企业所得税汇算清缴。

根据3号公告规定，适用“六税两费”减免政策的小型微利企业的判定以企业所得税年度汇算清缴结果为准。登记为增值税一般纳税人的企业，按规定办理汇算清缴后确定是小型微利企业的，除新设立企业外，可自办理汇算清缴当年的7月1日至次年6月30日申报享受“六税两费”减免优惠；2022年1月1日至6月30日期间，纳税人依据2021年办理2020年度汇算清缴的结果确定是否按照小型微利企业申报享受“六税两费”减免优惠。具体如下：

1. 2022年1月1日至6月30日期间，纳税人依据2021年办理2020年度汇算清缴的结果，确定是否按照小型微利企业申报享受“六税两费”减免优惠。

2. 2022年7月1日至次年6月30日，纳税人依据2022年办理2021年度汇算清缴的结果，确定是否按照小型微利企业申报享受“六税两费”减免优惠。依次类推至2024年6月30日。

3. 2024年7月1日至12月31日，纳税人依据2024年办理2023年度汇算清缴的结果，确定是否按照小型微利企业申报享受“六税两费”减免优惠。

【案例1】B公司于2020年6月成立，9月1日登记为增值税一般纳税人。2021年5月，B公司办理了2020年度汇算清缴申报，确定不属于小型微利企业。2022年4月，B公司办理了2021年度汇算清缴申报，确定是小型微利企业。

（1）B公司于2022年4月征期申报3月的“六税两费”时，可以享受减免优惠吗？

不可以。根据规定，纳税人2021年办理2020年度汇算清缴申报后确定不属于小型微利企业，申报2022年1月1日至6月30日的“六税两费”时，不能享受减免优惠。

（2）B公司于2022年7月征期申报6月所属期的“六税两费”时，可以享受减免优惠吗？

不可以。根据规定，纳税人2021年办理2020年度汇算清缴申报后确定不属于小型微利企业，申报2022年1月1日至6月30日期间的“六税两费”时，不能享受减免优惠。

（3）B公司于2022年8月征期申报7月的“六税两

费”时，可以享受减免优惠吗？

可以。根据规定，纳税人2022年办理2021年度汇算清缴申报后确定是小型微利企业，申报2022年7月1日至2023年6月30日的“六税两费”时，可以享受减免优惠。

第二种情况：“新设立企业”已完成企业所得税首次汇算清缴。

按照3号公告规定，登记为增值税一般纳税人的新设立企业，按规定办理首次汇算清缴后确定不属于小型微利企业的一般纳税人，自办理汇算清缴的次月1日至次年6月30日，不得再申报享受“六税两费”减免优惠；按次申报的，自首次办理汇算清缴确定不属于小型微利企业之日起至次年6月30日，不得再申报享受“六税两费”减免优惠。

新设立企业按规定办理首次汇算清缴后，按规定申报当月及之前的“六税两费”的，依据首次汇算清缴结果确定是否可申报享受减免优惠。

新设立企业按规定办理首次汇算清缴申报前，已按规定申报缴纳“六税两费”的，不再根据首次汇算清缴结果进行更正。

【案例2】E公司于2021年7月成立，从事国家非限制和禁止行业，10月1日登记为增值税一般纳税人，于2022年5月办理2021年度汇算清缴申报（首次汇算清缴），确定不属于小型微利企业。E公司于2023年5月8日办理2022年度汇算清缴申报，确定是小型微利企业。2023年5月12日，E公司根据本省有关规定办理2022年房产税申报，是否可享受减免优惠？

不可以。新设立企业办理首次汇算清缴申报后，确定不属于小型微利企业的，自办理汇算清缴的次月1日至次年6月30日，不得申报享受“六税两费”减免优惠。新设立企业办理首次汇算清缴后，按规定申报当月及之前的“六税两费”的，依据首次汇算清缴结果确定是否能够申报享受减免优惠。因此，E公司按规定申报2022年全年的房产税，包括办理首次汇算清缴当月及之前（即1—5月）的房产税和汇算清缴后（即6—12月）的房产税时，不能享受减免优惠。

E公司2023年5月8日办理了2022年度汇算清缴申报，确定是小型微利企业，根据规定，其在申报2023年7月1日至2024年6月30日的“六税两费”时，可以享受减免优惠。

【案例3】F公司于2021年7月成立，从事国家非限制和禁止行业，当月购买一栋办公楼，该楼是公司唯一的房产。12月1日登记为增值税一般纳税人。2022年5月首次办理2021年度汇算清缴，确定是小型微利企业。按照本省房产税征期规定，F公司应当于2022年12月征期一次性申报2022年全年房产税，是否可享受减免优惠？

可以。根据规定，新设立企业办理首次汇算清缴后确定是小型微利企业的，自办理汇算清缴的次月1日至次年6月30日，可申报享受“六税两费”减免优惠。

F公司于2022年5月首次办理2021年度汇算清缴，确定是小型微利企业。因此，2022年12月按规定一次性申报2022年全年房产税时，可申报享受减免优惠。

【案例4】 D公司于2021年6月成立，从事国家非限制和禁止行业，12月1日登记为增值税一般纳税人，于2022年4月20日按规定期限办理了2021年度汇算清缴（首次汇算清缴），结果确定不属于小型微利企业。D公司于4月23日依照规定按次申报耕地占用税，可以申报享受减免优惠吗？

不可以。D公司首次汇算清缴后已确定不属于小型微利企业，对于按次申报，自首次办理汇算清缴后确定不属于小型微利企业之日起至次年6月30日，不得再申报享受“六税两费”减免优惠。

未办汇算清缴一般纳税人如何判断能否享受“六税两费”减免优惠？

这里需要区分两种情况，一是“非新设立企业”尚未办理本年度企业所得税汇算清缴的情况；二是“新设立企业”尚未完成首次汇算清缴的情况。

第一种情况：“非新设立企业”尚未完成本年度企业所得税汇算清缴。

根据3号公告规定，适用“六税两费”减免政策的小型微利企业的判定以企业所得税年度汇算清缴结果为准。登记为增值税一般纳税人的企业，按规定办理汇算清缴后确定是小型微利企业的，除新设立企业外，可自办理汇算清缴当年的7月1日至次年6月30日申报享受“六税两费”减免优惠；2022年1月1日至6月30日期间，纳税人依据2021年办理2020年度汇算清缴的结果确定是否按照小型微利企业申报享受“六税两费”减免优惠。

【案例1】A公司于2020年6月成立，9月1日登记为增值税一般纳税人。2021年5月，A公司办理了2020年度的汇算清缴申报，结果确定是小型微利企业。A公司于2022年4月征期申报2022年1—3月的“六税两费”时，可以享受减免优惠吗？

可以。根据规定，A公司申报2022年1—3月的“六税两费”时，是否可享受减免优惠，依据2021年办理2020年度汇算清缴的结果确定。

第二种情况：“新设立企业”尚未完成企业所得税首次汇算清缴。

根据3号公告规定，登记为增值税一般纳税人的新设立企业，从事国家非限制和禁止行业，且同时符合申报期上月末从业人数不超过300人、资产总额不超过5000万元两项条件的，按规定办理首次汇算清缴申报前，可按照小型微利企业申报享受“六税两费”减免优惠。

登记为增值税一般纳税人的新设立企业，从事国家非限制和禁止行业，且同时符合设立时从业人数不超过300人、资产总额不超过5000万元两项条件的，设立当月依照有关规定按次申报有关“六税两费”时，可申报享受“六税两费”减免优惠。

【案例2】C公司于2021年6月成立，从事国家非限制和禁止行业，12月1日登记为增值税一般纳税人，2022年3月31日的从业人数、资产总额分别为280人和4500万元。C公司按规定于2022年4月10日申报2022年3月的资源税和2022年1—6月房产税时，尚未办理

2021年度汇算清缴申报，是否可申报享受减免优惠？

可以。C公司4月10日尚未办理首次汇算清缴，可采用4月的上月末，即2022年3月31日的从业人数、资产总额两项条件，判断其是否可按照小型微利企业申报享受“六税两费”减免优惠。C公司2022年3月31日的从业人数不超过300人，并且资产总额不超过5000万元，可按照小型微利企业申报享受“六税两费”减免优惠。

新设立企业首次办理汇算清缴后，对于申报前已按规定申报缴纳的“六税两费”是否需要进行更正？

为避免因汇算清缴后追溯调整增加办税负担，3号公告明确，新设立企业按规定办理首次汇算清缴申报前，已按规定申报缴纳“六税两费”的，不再根据首次汇算清缴结果进行更正。

【案例】C公司于2021年6月成立，从事国家非限制和禁止行业，12月1日登记为增值税一般纳税人，2022年3月31日的从业人数、资产总额分别为280人和4500万元。C公司于4月10日申报2022年3月的资源税和2022年1—6月房产税时，按小型微利企业享受了减免优惠，4月20日办理了2021年度汇算清缴，结果确定不属于小型微利企业。汇算清缴后，C公司需要对2022年4月10日申报2022年3月的资源税和2022年1—6月房产税进行更正吗？

无须更正。首次办理汇算清缴申报前，已按规定申报缴纳“六税两费”的，不再根据首次汇算清缴结果进行更正。

分支机构如何判定能否享受“六税两费”减免优惠?

分支机构如果是小规模纳税人，按照小规模纳税人适用“六税两费”减免政策。

分支机构如果是增值税一般纳税人，由于企业所得税实行法人税制，由总机构统一计算包括汇总纳税企业所属各个不具有法人资格分支机构在内的全部应纳税所得额、应纳税额，以法人机构为整体判断是否属于小型微利企业，所以应当根据总机构是否属于小型微利企业来申报享受减免优惠。

新办企业，设立当月能够享受减免吗?

新办的小规模纳税人、个体工商户可申报享受“六税两费”减免优惠。

如果新办企业当月申请为增值税一般纳税人，则设立时满足从业人数不超过300人、资产总额不超过5000万元两项条件的，设立当月依照有关规定按次申报有关“六税两费”时，可申报享受“六税两费”减免优惠。

小型微利企业逾期办理或更正汇算清缴申报，是否需要相应对“六税两费”申报进行更正?

3号公告中关于小型微利企业、新设立企业如何根据汇算清缴结果确定享受减免优惠的时点的规定，都是针对按规定进行正常申报的情形来说的。如果企业所得税汇算清缴存在逾期申报或更正申报的情况，逾期申报或更正申报的结果不应当改变其对应的“六税两费”的减免期间。因此，根据3号公告规定，登记为增值税一般纳税人的小型微利企业、新设立企业，逾期办理或更正汇算清缴申报的，应当依据逾期办理或更正申报的结果，按照3号公告第一条第（一）项、第（二）

项规定的“六税两费”减免税期间申报享受减免优惠，并应当对“六税两费”申报进行相应更正。

【案例】 D公司于2021年6月成立，从事国家非限制和禁止行业，10月1日登记为增值税一般纳税人，选择按季申报各税费。2022年5月底前，D公司未按期办理首次汇算清缴申报，D公司于2022年4月和7月征期分别申报了当年1—3月和4—6月的“六税两费”，按照小型微利企业申报享受了减免优惠。8月，D公司办理汇算清缴申报，确定不属于小型微利企业。

根据规定，“六税两费”的减免税期间应当根据正常办理首次汇算清缴的时间确定。按照企业所得税有关规定，D公司应当于2022年5月底前办理首次汇算清缴，所以其申报2022年6月1日至2023年6月30日的“六税两费”时是否可以享受减免优惠，应当根据5月首次汇算清缴结果来确定。同时，办理首次汇算清缴后，按规定申报当月及之前“六税两费”的，也应根据首次汇算清缴结果确定是否能够享受减免优惠。

本案例中，虽然D公司办理首次汇算清缴的时间逾期至8月，但是并不改变首次汇算清缴结果对应的减免税期间。由于D公司的首次汇算清缴结果确认其不属于小型微利企业，因此，2022年6月1日至2023年6月30日，不能申报享受减免优惠。首次汇算清缴后，申报当月（5月）及所属季度的“六税两费”时也不能享受减免优惠。因此，D公司7月征期申报的4—6月的“六税两费”不能享受减免优惠，应当进行更正申报，补缴减免的税款。

另一方面，新设立企业按规定办理首次汇算清缴申报前，已按规定申报缴纳“六税两费”的，不再根据首次汇算清缴结果进行更正。因此，D公司按规定在4月征期申报2022年1—3月的“六税两费”就不必进行更正。

小规模纳税人转登记为一般纳税人后，还能否继续适用“六税两费”减免政策？

小规模纳税人按规定登记为一般纳税人的，自一般纳税人生效之日起不再按照小规模纳税人适用“六税两费”减免政策。是否可以继续享受“六税两费”减免优惠，应按照是否属于10号公告和3号公告规定的小型微利企业或个体工商户进行判断。

【案例】 某企业2022年5月新开业，从事国家非限制和禁止行业，当月向税务机关申请登记为增值税一般纳税人，纳税人在办理登记手续时自行选择生效之日为次月1日起，如6月末从业人数280人、资产总额5200万元：

(1) 该企业2022年6月申报期按期申报“六税两费”时，可以按照小规模纳税人适用“六税两费”减免政策。

(2) 该企业2022年7月申报期按期申报“六税两费”时，属于“登记为增值税一般纳税人的新设立企业”的情形，按此判断是否符合条件。由于该企业6月末从业人数280人、资产总额5200万元，不符合小型微利企业标准，因此不能享受“六税两费”减免优惠。

纳税人存在应登记为增值税一般纳税人而逾期未登记的，能否适用“六税两费”减免政策？

按照3号公告第二条规定，小规模纳税人按规定登记为增值税一般纳税人的，自一般纳税人生效之日起不再按照小规模纳税人适用“六税两费”减免政策。增值税年应税销售额超过小规模纳税人标准应当登记为一般纳税人而未登记，经税务机关通知，逾期仍不办理登记的，自逾期次月起不再按照小规模纳税人申报享受“六税两费”减免优惠。

【案例1】 Q公司于2021年12月1日成立，从事国家非限制和禁止行业，2022年2月登记为增值税一般纳税人并于当月1日生效。2月末，i公司从业人数为200人，资产总额为3000万元。

(1) Q公司于2022年2月征期申报1月的“六税两费”时可以申报享受减免优惠吗？

可以。Q公司2月征期申报1月的“六税两费”时，可以按照小规模纳税人申报享受减免优惠。

(2) Q公司于2022年3月征期申报2月的“六税两费”时可以申报享受减免优惠吗？

可以。根据3号公告规定，小规模纳税人按规定登记为一般纳税人的，自一般纳税人生效之日起不再按照小规模纳税人适用“六税两费”减免政策。Q公司在2月登记为增值税一般纳税人并于当月1日生效，因此于3月征期申报2月的“六税两费”时，不再按照小规模纳税人享受减免优惠。

但是，由于Q公司3月申报期上月末的从业人数小于 300 人，并且资产总额小于 5000 万元，符合 3 号公告新设立企业按小型微利企业享受减免优惠的标准，因此，可以按照小型微利企业享受减免优惠。

【案例 2】 J 个体工商户为小规模纳税人，因业务发展较快，于 2022 年 7 月登记为增值税一般纳税人并于当月 1 日生效。

（1）J 个体工商户于 2022 年 7 月征期申报 4—6 月的“六税两费”时如何申报享受减免优惠？

J 个体工商户申报 4—6 月的“六税两费”时，可按照小规模纳税人或个体工商户申报享受减免优惠。

（2）J 个体工商户于 2022 年 10 月征期申报 7—9 月的“六税两费”时如何申报享受减免优惠？

J 个体工商户申报 7—9 月的“六税两费”不能再按照小规模纳税人申报享受减免优惠，但仍可按“一般纳税人——个体工商户”申报享受减免优惠。

此次“六税两费”减免涉及哪些申报表单的修订？

鉴于本次“六税两费”减免政策适用主体增加了小型微利企业和个体工商户，3 号公告修改了 4 个表单，分别是：《财产和行为税减免税明细申报附表》《〈增值税及附加税费申报表（一般纳税人适用）〉附列资料（五）》《〈增值税及附加税费预缴表〉附列资料》《〈消费税及附加税费申报表〉附表 6（消费税附加税费计算表）》。在上述表单中增加了小型微利企业、个体工商户减免优惠申报有关数据项目，并相应修改了填表说明。

2022 年“六税两费”减免政策优惠扩围后，除《〈增值税及附加税费申报表（小规模纳税人适用）〉附列资料（二）》外，其余表单变化为：

将《财产和行为税减免税明细申报附表》《〈增值税及附加税费预缴表〉附列资料》《〈消费税及附加税费申报表〉附表6（消费税附加税费计算表）》3张表单中的数据项“本期是否适用增值税小规模纳税人‘六税两费’减免政策”修改为“本期是否适用小微企业‘六税两费’减免政策”，并相应增加了“增值税小规模纳税人”“一般纳税人——小型微利企业”“一般纳税人——个体工商户”3个优惠政策适用主体勾选项。

将《财产和行为税减免税明细申报附表》“本期适用增值税小规模纳税人减免政策起止时间”修改为“适用减免政策起止时间”，在《〈增值税及附加税费预缴表〉附列资料》《〈消费税及附加税费申报表〉附表6（消费税附加税费计算表）》中增加了“适用减免政策起止时间”数据项。

在《〈增值税及附加税费申报表（一般纳税人适用）〉附列资料（五）》表头增加“本期是否适用小微企业‘六税两费’减免政策”“适用减免政策起止时间”“减征比例”“减征额”4个数据项，并相应增加了“一般纳税人——小型微利企业”“一般纳税人——个体工商户”2个优惠政策适用主体勾选项。

如何享受“六税两费”减免政策，需要向税务机关提交资料吗？

纳税人自行申报享受减免优惠，不需额外提交资料。

纳税人申报时，根据自身实际情况在有关申报表单中勾选相应的减免政策适用主体选项并确认适用减免政策起止时间后，系统将自动填列相应的减免性质代码、自动计算减免税款。

未及时申报享受减免优惠，能否后期补充享受？

为确保纳税人足额享受减免优惠，纳税人符合条件但未及时申报享受减免优惠的，可依法申请抵减以后纳税期的应纳税费款或者申请退还。对申请抵减以后纳税期的应纳税费款的，系统将在纳税人下次申报时，自动抵减同税费种的应纳税费款。

享受“六税两费”减免政策如何进行会计处理？

对于当期计提后直接减免的“六税两费”，企业应当冲减相关费用或直接计入当期损益；也可以按照减免后的“六税两费”额计提。

4.2 制造业中小微企业延缓缴纳部分税费

4.2.1 政策概述

4.2.1.1 具体政策

1. 继续延缓缴纳2021年第四季度部分税费

《国家税务总局 财政部关于制造业中小微企业延缓缴纳2021年第四季度部分税费有关事项的公告》（国家税务总局公告2021年第30号，以下简称2021年第30号公告）规定的制造业中小微企业延缓缴纳2021年第四季度部分税费政策，缓缴期限继续延长6个月。

2. 延缓缴纳2022年第一季度、第二季度部分税费

符合《国家税务总局 财政部关于延续实施制造业中小微企业延缓缴纳部分税费有关事项的公告》（国家税务总局公

告2022年第2号，以下简称2022年第2号公告）规定条件的制造业中小微企业，在依法办理纳税申报后，制造业中型企业可以延缓缴纳2022年第2号公告规定的各项税费金额的50%，制造业小微企业可以延缓缴纳2022年第2号公告规定的全部税费，延缓的期限为6个月。延缓期限届满，纳税人应依法缴纳相应月份或者季度的税费。

4.2.1.2 适用范围

制造业中小微企业（含个人独资企业、合伙企业、个体工商户）。

4.2.1.3 适用条件

1. 所称制造业中型企业，是指国民经济行业分类中行业门类为制造业，且年销售额2000万元以上（含2000万元）4亿元以下（不含4亿元）的企业。制造业小微企业是指国民经济行业分类中行业门类为制造业，且年销售额2000万元以下（不含2000万元）的企业。

2. 所称销售额，是指应征增值税销售额，包括纳税申报销售额、稽查查补销售额、纳税评估调整销售额。适用增值税差额征税政策的，以差额后的销售额确定。

3. 制造业中小微企业年销售额按以下方式确定：

截至2021年12月31日成立满一年的企业，按照所属期为2021年1月至2021年12月的销售额确定。

截至2021年12月31日成立不满一年的企业，按照所属期截至2021年12月31日的销售额除以实际经营月份乘12个月的销售额确定。

2022年1月1日及以后成立的企业，按照实际申报期销售额除以实际经营月份乘12个月的销售额确定。

4.2.1.4 注意事项

1. 延缓缴纳的税费包括所属期为2022年1月、2月、3月、4月、5月、6月（按月缴纳）或者2022年第一季度、第二季度（按季缴纳）的企业所得税、个人所得税、国内增值税、国内消费税及附征的城市维护建设税、教育费附加、地方教育附加，不包括代扣代缴、代收代缴以及向税务机关申请代开发票时缴纳的税费。

2. 2021年第30号公告规定的制造业中小微企业2021年第四季度延缓缴纳的税费在2022年1月1日后，2022年第2号公告施行前已缴纳入库的，可自愿选择申请办理退税（费）并享受延续缓缴政策。

3. 对于在2022年第2号公告施行前已缴纳入库的所属期为2022年1月的上述税费，企业可自愿选择申请办理退税（费）并享受缓缴政策。

4. 享受2021年第四季度缓缴企业所得税政策的制造业中小微企业，在办理2021年度企业所得税汇算清缴年度申报时，产生的应补税款与2021年第四季度已缓缴的税款一并延后缴纳入库，产生的应退税款由纳税人按照有关规定办理。

4.2.1.5 实施日期

自2022年2月28日起施行。

4.2.1.6 政策依据

《国家税务总局 财政部关于延续实施制造业中小微企业延缓缴纳部分税费有关事项的公告》（国家税务总局公告2022年第2号）

4.2.2 实务答疑

制造业中小微企业延缓缴纳部分税费政策内容是什么？

2022 年第 2 号公告明确了制造业中小微企业继续延缓缴纳 2021 年第四季度部分税费，以及延缓缴纳 2022 年第一季度、第二季度部分税费的有关事项。具体规定如下：

1. 继续延缓缴纳 2021 年第四季度部分税费，即 2021 年第 30 号公告规定的制造业中小微企业延缓缴纳 2021 年第四季度部分税费政策，缓缴期限继续延长 6 个月。

【案例】 按月申报的纳税人，2021 年 11 月（所属期）已缓缴的相关税费，缴纳期限在延缓 3 个月基础上再延长 6 个月，即可以在 2022 年 9 月申报期内缴纳。按季申报的纳税人，2021 年第四季度（所属期）已缓缴的相关税费，缴纳期限在延缓 3 个月基础上再延长 6 个月，即可以在 2022 年 10 月申报期内缴纳。按季划缴税款的个体工商户，纳税人无需操作确认缓缴相关税费，税务机关 2022 年 4 月暂不扣缴其 2021 年第四季度缓缴的相关税费，缴纳期限自动延长 6 个月，相关税费将在 2022 年 10 月划扣。

对于制造业中小微企业 2021 年第四季度延缓缴纳的税费在 2022 年 1 月 1 日后 2022 年第 2 号公告发布前已缴纳入库的，可以自愿选择申请办理退税（费）并享受延续缓缴政策，税务机关将为纳税人提供精准的政策辅导和退税服务，引导纳税人充分享受政策红利。

2. 延缓缴纳 2022 年第一季度、第二季度部分税费。

符合2022年第2号公告规定条件的制造业中小微企业，在依法办理纳税申报后，制造业中型企业可以延缓缴纳2022年第2号公告规定的各项税费金额的50%，制造业小微企业可以延缓缴纳2022年第2号公告规定的全部税费，延缓的期限为6个月。延缓期限届满，纳税人应依法缴纳相应月份或者季度的税费。

延缓缴纳的税费包括所属期为2022年1月、2月、3月、4月、5月、6月（按月缴纳）或者2022年第一季度、第二季度（按季缴纳）的企业所得税、个人所得税、国内增值税、国内消费税及附征的城市维护建设税、教育费附加、地方教育附加，不包括代扣代缴、代收代缴以及向税务机关申请代开发票时缴纳的税费。

享受延缓缴纳部分税费政策发布前逾期缴纳的滞纳金可否退还？

对符合条件的制造业中小微企业，在2022年2月28日2022年第2号公告发布前，逾期申报缴纳所属期为1月的税款并缴纳了滞纳金的，在办理退税时，多征的滞纳金应当随同税款一并退还。符合条件的制造业中小微企业所属期为2021年10月的税款，在2022年2月28日前入库并缴纳滞纳金的，也是比照上述办法执行。

享受延缓缴纳部分税费是否到期一次性全额缴纳？

不是。按月申报的纳税人，在2022年3月申报期登录电子税务局申报2月相关税费时，电子税务局确认缓缴的，相关税费的缴纳期限自动延长6个月，缓缴税款可以在2022年9月申报期内缴纳；4月申报期登录电子税务局申报3月相关税费，缓缴税款可以在 2022 年 10 月申报期内缴纳，以此类推。

对于按季申报的纳税人，在 2022 年 4 月申报期申报 2022 年第一季度相关税费后，确认缓缴的操作流程和按月缴纳的纳税人相同，确认缓缴的税费按规定延缓 6 个月，在 2022 年 10 月申报期内缴纳，7 月申报期登录电子税务局申报 2022 年第二季度相关税费，缓缴税款可以在 2023 年 1 月申报期内缴纳。

延缓缴纳税费在缓缴期限内是否有滞纳金？

没有。在政策规定的延缓缴纳期限内缴纳没有滞纳金，也不影响企业纳税信用等级。

哪些企业可享受延缓缴纳部分税费政策？

制造业中小微企业可以享受延缓缴纳部分税费政策，其中制造业中小微企业是指：

1. 纳税人登记行业为制造业，即国民经济行业分类中行业门类为制造业。实践中，对于纳税人登记行业与实际经营不一致的，需要区分两种情形进行处理：对于纳税人在市场监管部门登记信息为非制造业的，可以向税务机关提供制造业销售额占全部销售额超过 50% 的说明，享受延缓缴纳政策，后期需向市场监管部门办理行业信息变更；对于纳税人市场监管部门登记为制造业但税务登记信息为非制造业的，可以向主管税务机关申请变更行业信息后，享受延缓缴纳政策。

2. 纳税人是中小微企业。其中，中型企业是指年销售额 2000 万元以上（含 2000 万元）4 亿元以下（不含 4 亿元）的企业。小微企业是指年销售额 2000 万元以下（不含 2000 万元）的企业。

3. 符合条件的一般纳税人和小规模纳税人均可享受。

【补充】《国民经济行业分类》（GB/T 4754—2017）中规定的行业门类为制造业具体范围（见表4－1）。

表4－1　《国民经济行业分类》制造业具体范围表

行业名称
13 农副食品加工业
14 食品制造业
15 酒、饮料和精制茶制造业
16 烟草制品业
17 纺织业
18 纺织服装、服饰业
19 皮革、毛皮、羽毛及其制品和制鞋业
20 木材加工和木、竹、藤、棕、草制品业
21 家具制造业
22 造纸和纸制品业
23 印刷和记录媒介复制业
24 文教、工美、体育和娱乐用品制造业
25 石油、煤炭及其他燃料加工业
26 化学原料和化学制品制造业
27 医药制造业
28 化学纤维制造业
29 橡胶和塑料制品业
30 非金属矿物制品业
31 黑色金属冶炼和压延加工业
32 有色金属冶炼和压延加工业
33 金属制品业
34 通用设备制造业
35 专用设备制造业

续表

行业名称
36 汽车制造业
37 铁路、船舶、航空航天和其他运输设备制造业
38 电气机械和器材制造业
39 计算机、通信和其他电子设备制造业
40 仪器仪表制造业
41 其他制造业
42 废弃资源综合利用业
43 金属制品、机械和设备修理业

需要提醒的是，根据《国民经济行业分类》（GB/T 4754—2011）规定，确定单位行业归属的原则，应按照单位的主要经济活动确定其行业性质。当单位从事一种经济活动时，则按照该经济活动确定单位的行业；当单位从事两种以上的经济活动时，则按照主要活动确定单位的行业。

当一个单位对外从事两种以上的经济活动时，占其单位增加值份额最大的一种活动称为主要活动。如果无法用增加值确定单位的主要活动，可依据销售收入、营业收入或从业人员确定主要活动。

制造业中型企业和小微企业延缓缴纳部分税费政策有什么异同？

1. 延缓缴纳税费金额不同。制造业中型企业可以延缓缴纳 2022 年第 2 号公告规定的各项税费金额的 50%，制造业小微企业可以延缓缴纳 2022 年第 2 号公告规定的全部税费。

2. 延缓的期限相同，都为 6 个月。

申报系统能自动判别制造业中小微企业吗？

除了首次申报的纳税人外，系统自动判别制造业中小微企业。制造业中小微企业在申报期结束前，通过登录电子税务局或办税服务厅依法申报后，界面自动弹出是否延缓缴纳规定范围内税费的有关提示，纳税人只需进行缓税确认，规定范围内税费缴纳期限自动延长 6 个月，无需纳税人办理任何手续。

纳税人登记行业与实际经营不一致，是否可享受延缓缴纳税费政策？

可以。对纳税人登记行业与实际经营不一致等情况，纳税人可以向税务机关提供制造业销售额占全部销售额超过 50% 的说明，由主管税务机关及时处理，确保符合条件的纳税人及时享受。

合伙企业可以享受延缓缴纳部分税费政策吗？

符合条件的制造业中小微合伙企业可以享受。2022 年第 2 号公告所称制造业中小微企业也包含个人独资企业、合伙企业、个体工商户。

中小微企业标准有人数和资产总额要求吗？

没有。2022 年第 2 号公告规定的中小微企业是指：

1. 中型企业是指年销售额 2000 万元以上（含 2000 万元）4 亿元以下（不含 4 亿元）的企业；

2. 小微企业是指年销售额 2000 万元以下（不含 2000 万元）的企业。

中小微企业标准中的销售额如何确定？

销售额是指应征增值税销售额，包括纳税申报销售额、稽查查补销售额、纳税评估调整销售额。适用增值税差额征税政策的，以差额后的销售额确定。

具体确定分三种情形：

1. 截至2021年12月31日成立满一年的企业，按照所属期为2021年1月至12月的销售额确定。

【案例1】一家制造业企业，成立于2020年5月，属于增值税一般纳税人，其同时还兼营建筑服务（适用征收率3%），建筑服务业务适用增值税差额征税政策，其应征增值税销售额应扣除差额征税部分。其2021年1月至12月的销售额中包括销售货物和提供修理修配劳务含增值税收入1808万元（适用税率13%），建筑安装服务含增值税收入309万元（其中适用差额征税的103万元），提供维护保养服务（按照其他现代服务缴纳增值税）含增值税收入159万元，不考虑其他情况。

2021年1—12月的销售额为：1808 ÷（1 + 13%）+（309 − 103）÷（1 + 3%）+ 159 ÷（1 + 6%）= 1950（万元）

该企业年销售额在2000万元以下，属于制造业小微企业，可以延缓缴纳2022年第2号公告规定的全部税费。

2. 截至2021年12月31日成立不满一年的企业，按照所属期截至2021年12月31日的销售额除以实际经营月份乘12个月的销售额确定。

【案例2】一家制造业企业，于2021年7月28日成立，截至2021年12月31日成立不满一年，其实际经营月份6个月，总销售额为1200万元，则计算其年销售额为：1200 ÷ 6 × 12 = 2400（万元）。

该企业年销售额在2000万元至4亿元之间，属于制造业中企业，可以延缓缴纳2022年第2号公告规定的50%税费缓缴政策。

3. 2022年1月1日及以后成立的企业，按照实际申报期销售额除以实际经营月份乘12个月的销售额来确定。

【案例3】一家制造业企业，于2022年1月20日成立，若按月申报，首个申报期为2月，销售额为100万元，其实际经营1个月，计算其年销售额为：100 ÷ 1 × 12 = 1200（万元）。

若按季申报，首个申报期为2022年4月，销售额为300万元，其实际经营3个月，则计算年销售额为：300 ÷ 3 × 12 = 1200（万元）。按照2022年第2号公告规定，该纳税人属于制造业小微企业。

制造业中小微企业可以缓缴的税费有哪些？

延缓缴纳的税费包括所属期为2021年10月、11月、12月，2022年1月、2月、3月、4月、5月、6月（按月缴纳）或者2021年第四季度，2022年第一季度、第二季度（按季缴纳）的企业所得税、个人所得税、国内增值税、国内消费税及附征的城市维护建设税、教育费附加、地方教育附加，不包括代扣代缴、代收代缴以及向税务机关申请代开发票时缴纳的税费。

需要提醒的是，对于未列明的税费，如房产税、城镇土地使用税、印花税、资源税、环境保护税、代扣代缴个人所得税等不在延缴税费范围。

员工工资代扣代缴个人所得税可以缓缴吗？

不可以。2022 年第 2 号公告规定，延缓缴纳的税费不包括代扣代缴、代收代缴以及向税务机关申请代开发票时缴纳的税费。

适用出口免抵退的制造业中小微企业，可以延缓缴纳城市维护建设税吗？

可以。2022 年第 2 号公告规定，可以办理缓缴税费包括国内增值税、国内消费税及附征的城市维护建设税、教育费附加、地方教育附加。

适用出口免抵退的制造业中小微企业，即使本月无增值税，对按规定增值税免抵税额应缴纳的城市维护建设税，可以办理缓税。

缓缴 2022 年度税费所属期是如何规定的？

税费所属期范围分为两种：按月缴纳的纳税人，为 2022 年 1—6 月的应纳税费；按季缴纳的纳税人，为 2022 年第一季度和第二季度应当缴纳的税费。

需要提醒的是，上述规定的不是申报期，是税费所属期。

应如何办理缓税？

具体操作上，为了便利纳税人享受该政策，税务部门对电子税务局进行了优化升级，开通了缓税提示功能，纳税人可以通过电子税务局进行操作。是否符合缓税条件由纳税人根据实际经营情况进行自行判断，确认符合规定条件才能够享受，税务机关将对合规性实施事后风险核查。

1. 按月申报的纳税人

按月申报的纳税人，在2022年3月申报期登录电子税务局申报2月相关税费时，界面会自动弹出是否延缓缴纳2022年第2号公告规定部分税费的提示，纳税人需进行确认。

确认缓缴的，小微企业相关税费的缴纳期限自动延长6个月；中型企业，界面自动到缴款界面，只需缴纳应缴税费金额的50%，剩余部分缴纳期限自动延长6个月，缓缴税款可以在2022年9月申报期内缴纳。

确认不缓缴的，则系统提供下拉框供纳税人选择理由：①不是制造业；②不是中型企业（或小微企业）；③相关部门办理证照需要；④其他。如果选择其他的，需要填写选择不缓缴的具体理由。

2. 按季申报的纳税人

对于按季申报的纳税人，在2022年4月申报期申报2022年第一季度相关税费后，确认缓缴的操作流程和按月缴纳的纳税人相同，确认缓缴的税费按规定延缓6个月，在2022年10月申报期内缴纳。

同样，对于在2022年第2号公告文件施行前已缴纳入库的所属期为2022年1月的可缓缴税费，企业可自愿选择申请办理退税（费）并享受缓缴政策。

需要提示的是，对符合条件的制造业中小微企业，在2022年2月28日缓税公告发布前，逾期申报缴纳所属期为1月的税款并缴纳了滞纳金的，在办理退税时，多征的滞纳金应当随同税款一并退还。符合条件的制造业中小微企业所属期为2021年10月的税款，在2022年2月28日缓税公告发布前入库并缴纳滞纳金的，也是比照上述办法执行。

延缓缴纳税费后能否办理延期缴纳税款？

可以。延缓缴纳税费和延期缴纳可以同时办理。

如符合条件的中型制造业企业只能延缓缴纳规定各项税费金额的50%，若企业目前资金不足，且符合《税收征管法》及其实施细则规定可以申请延期缴纳税款的，余下50%部分仍然可以依法办理延期缴纳税款。

享受了缓税政策，是否影响企业所得税汇算清缴？

不影响。选择适用缓税政策后，缓缴的税款视同“已预缴税款”，正常参与所得税汇算清缴补退税的计算。同时，纳税人应当按照享受缓缴政策确定的缴税期限缴纳缓缴税款。

享受增值税即征即退的纳税人办理缓缴后还可以享受即征即退政策吗？

可以。增值税即征即退政策，是对纳税人已经缴纳的增值税税款全部或者部分给予退还的政策，并未对申请退税的时间作出限制。享受即征即退政策的纳税人，可以先申请享受缓缴政策，待缓缴政策到期，实际缴纳税款后，再申请增值税退税政策，两者并不矛盾。

4.3　城市公交站场、道路客运站场、城市轨道交通系统免征城镇土地使用税优惠政策

4.3.1　具体政策

对城市公交站场、道路客运站场、城市轨道交通系统运营

用地，免征城镇土地使用税。

4.3.2 适用范围

城市公交站场、道路客运站场、城市轨道交通系统运营用地。

4.3.3 适用条件

1. 城市公交站场运营用地，包括城市公交首末车站、停车场、保养场、站场办公用地、生产辅助用地。

2. 道路客运站场运营用地，包括站前广场、停车场、发车位、站务用地、站场办公用地、生产辅助用地。

3. 城市轨道交通系统运营用地，包括车站（含出入口、通道、公共配套及附属设施）、运营控制中心、车辆基地（含单独的综合维修中心、车辆段）以及线路用地，不包括购物中心、商铺等商业设施用地。

4. 城市公交站场、道路客运站场，是指经县级以上（含县级）人民政府交通运输主管部门等批准建设的，为公众及旅客、运输经营者提供站务服务的场所。

5. 城市轨道交通系统，是指依规定批准建设的，采用专用轨道导向运行的城市公共客运交通系统，包括地铁系统、轻轨系统、单轨系统、有轨电车、磁浮系统、自动导向轨道系统、市域快速轨道系统，不包括旅游景区等单位内部为特定人群服务的轨道系统。

4.3.4 注意事项

纳税人享受免税政策，应按规定进行免税申报，并将不动产权属证明、土地用途证明等资料留存备查。

4.3.5 执行期限

2019 年 1 月 1 日至 2023 年 12 月 31 日。

4.3.6 政策依据

1.《财政部 税务总局关于继续对城市公交站场 道路客运站场 城市轨道交通系统减免城镇土地使用税优惠政策的通知》(财税〔2019〕11 号)

2.《财政部 税务总局关于延长部分税收优惠政策执行期限的公告》(财政部 税务总局公告 2022 年第 4 号)

城市公交站场、道路客运站场、城市轨道交通系统免征城镇土地使用税优惠政策导图，可扫描右侧二维码查看。

4.4 农产品批发市场、农贸市场免征房产税、城镇土地使用税优惠政策

4.4.1 具体政策

对农产品批发市场、农贸市场（包括自有和承租，下同）专门用于经营农产品的房产、土地，暂免征收房产税和城镇土地使用税。对同时经营其他产品的农产品批发市场和农贸市场使用的房产、土地，按其他产品与农产品交易场地面积的比例确定征免房产税和城镇土地使用税。如：农贸市场出租卖菜的场地，暂免征收房产税。

4.4.2 适用范围

农产品批发市场、农贸市场专门用于经营农产品的房产、土地。

4.4.3 适用条件

1. 农产品批发市场和农贸市场，是指经工商登记注册，供买卖双方进行农产品及其初加工品现货批发或零售交易的场所。农产品包括粮油、肉禽蛋、蔬菜、干鲜果品、水产品、调味品、棉麻、活畜、可食用的林产品以及由省、自治区、直辖市财税部门确定的其他可食用的农产品。

2. 享受税收优惠的房产、土地，是指农产品批发市场、农贸市场直接为农产品交易提供服务的房产、土地。

4.4.4 注意事项

1. 农产品批发市场、农贸市场的行政办公区、生活区，以及商业餐饮娱乐等非直接为农产品交易提供服务的房产、土地，不属于规定的优惠范围，应按规定征收房产税和城镇土地使用税。

2. 企业享受免税政策，应按规定进行免税申报，并将不动产权属证明、载有房产原值的相关材料、租赁协议、房产土地用途证明等资料留存备查。

4.4.5 执行期限

自2019年1月1日至2023年12月31日。

4.4.6　政策依据

1.《财政部　税务总局关于继续实行农产品批发市场农贸市场房产税　城镇土地使用税优惠政策的通知》（财税〔2019〕12 号）

2.《财政部　税务总局关于延长部分税收优惠政策执行期限的公告》（财政部　税务总局公告 2022 年第 4 号）

农产品批发市场、农贸市场房产税、城镇土地使用税优惠政策，可扫描右侧二维码查看。

4.5　从事污染防治的第三方企业减免所得税优惠政策

4.5.1　具体政策

对符合条件的从事污染防治的第三方企业（以下称第三方防治企业）减按 15% 的税率征收企业所得税。

4.5.2　适用范围

第三方防治企业。

4.5.3　适用条件

1. 所称第三方防治企业，是指受排污企业或政府委托，负责环境污染治理设施（包括自动连续监测设施，下同）运营维护的企业。环境污染治理范围见表 4－2。

表4－2　　环境污染治理范围表

序号	领域	污染治理类别	污染治理类别说明	核查部门
1	水污染治理	生活污水处理	主要包括城镇集中式、农村生活污水和生活垃圾填埋场渗滤液等的处理及利用	生态环境部门
		工业废水治理	主要包括工业园区、工业企业等的工业废水处理（含管网运维）及生活垃圾填埋场或焚烧厂渗滤液等的处理及利用	生态环境部门
		水体治理与修复	主要指流域、湖库、黑臭水体的治理与修复	生态环境部门
		地下水污染风险管控和修复	主要包括地下水污染风险管控和修复	生态环境部门
2	大气污染治理	固定源大气污染治理	工业企业、工业园区、锅炉和集中式污染治理设施的废气治理	生态环境部门
		移动源大气污染治理	机动车船、非道路移动机械以及加油站、储油库等的废气治理	生态环境部门
		其他	餐饮油烟、汽修废气等污染治理	生态环境部门
3	噪声污染治理	噪声污染治理	工业企业等噪声源治理	生态环境部门
4	土壤污染风险管控和修复	土壤污染风险管控和修复	主要包括土壤污染状况调查和土壤污染风险评估、风险管控、修复、风险管控效果评估、修复效果评估、后期管理等活动	生态环境部门
5	固体废物处理与处置	生活垃圾处理	主要包括城镇和农村生活垃圾的资源化利用与处置	发展改革部门
		工业固体废物处理	主要包括生产过程中产生的一般工业固体废物的资源化利用与处置	生态环境部门
		电子废物的拆解处理与处置	电子废物的拆解处理与处置	生态环境部门
		危险废物的利用与处置	危险废物的利用与处置	生态环境部门
		其他	主要包括畜禽废物、污泥处置、餐厨垃圾、食品加工过程中产生的废渣等废物的资源化利用与处置	发展改革部门

续表

序号	领域	污染治理类别	污染治理类别说明	核查部门
6	自动连续监测	水污染物自动连续监测	主要包括水环境质量自动连续监测或污染源自动连续监测	生态环境部门
		大气污染物自动连续监测	主要包括大气环境质量自动连续监测或污染源自动连续监测	生态环境部门
7	清洁生产	清洁生产改造	主要包括为工业企业和服务型企业提供清洁企业改造服务，减少能源资源消耗的污染物排放	发展改革部门
8	区域环境托管服务	区域环境托管服务	主要包括为企业、园区政府和城市政府提供系统的环境污染第三方治理服务或托管服务	发展改革部门

2. 所称第三方防治企业应当同时符合以下条件：

（1）在中国境内（不包括港、澳、台地区）依法注册的居民企业；

（2）具有1年以上连续从事环境污染治理设施运营实践，且能够保证设施正常运行；

（3）具有至少5名从事本领域工作且具有环保相关专业中级及以上技术职称的技术人员，或者至少2名从事本领域工作且具有环保相关专业高级及以上技术职称的技术人员；

（4）从事环境保护设施运营服务的年度营业收入占总收入的比例不低于60%；

（5）具备检验能力，拥有自有实验室，仪器配置可满足运行服务范围内常规污染物指标的检测需求；

（6）保证其运营的环境保护设施正常运行，使污染物排放指标能够连续稳定达到国家或者地方规定的排放标准要求；

（7）具有良好的纳税信用，近三年内纳税信用等级未被评定为C级或D级。

4.5.4 注意事项

1. 企业在预缴企业所得税时就可以享受该项政策，填写《A200000中华人民共和国企业所得税月（季）度预缴纳税申报表（A类）》中第13行“减免所得税额”栏。

2. 第三方防治企业规定享受优惠政策时，按照《企业所得税优惠政策事项办理办法》的规定，采取“自行判别、申报享受、相关资料留存备查”的方式办理。主要留存备查资料为：

（1）连续从事环境污染治理设施运营实践一年以上的情况说明，与环境污染治理设施运营有关的合同、收入凭证。

（2）当年有效的技术人员的职称证书或执（职）业资格证书、劳动合同及工资发放记录等材料。

（3）从事环境保护设施运营服务的年度营业收入、总收入及其占比等情况说明。

（4）可说明当年企业具备检验能力，拥有自有实验室，仪器配置可满足运行服务范围内常规污染物指标的检测需求的有关材料：

①污染物检测仪器清单，其中列入《实施强制管理计量器具目录》的检测仪器需同时留存备查相关检定证书；

②当年常规理化指标的化验检测全部原始记录，其中污染治理类别为危险废物的利用与处置的，还需留存备查危险废物转移联单。

（5）可说明当年企业能保证其运营的环境保护设施正常运行，使污染物排放指标能够连续稳定达到国家或者地方规定的排放标准要求的有关材料：

①环境污染治理运营项目清单、项目简介。

②反映污染治理设施运营期间主要污染物排放连续稳定达标的所有自动监测日均值等记录，由具备资质的生态环境监测机构出具的全部检测报告。从事机动车船、非道路移动机械、餐饮油烟治理的，如未进行在线数据监测，也可不留存备查在线监测数据记录。

③运营期内能够反映环境污染治理设施日常运行情况的全部记录、能够说明自动监测仪器设备符合生态环境保护相关标准规范要求的材料。

（6）仅从事自动连续监测运营服务的第三方企业，提供反映运营服务期间自动监测故障后及时修复、监测数据“真、准、全”等相关证明材料，无须提供反映污染物排放连续稳定达标相关材料。

4.5.5 执行期限

自2019年1月1日至2023年12月31日。

4.5.6 政策依据

1.《财政部　税务总局　国家发展改革委　生态环境部关于从事污染防治的第三方企业所得税政策问题的公告》（财政部　税务总局　国家发展改革委　生态环境部公告2019年第60号）

2.《财政部　税务总局关于延长部分税收优惠政策执行期限的公告》（财政部　税务总局公告2022年第4号）

5 到期延续执行的税费优惠政策

到期延续执行的税费优惠政策共10项，见表5－1。

表5－1　　　　　　　到期延续执行的税费优惠政策

序号		政策内容	政策依据
1	退役士兵创业就业税收优惠政策	自2019年1月1日起至2023年12月31日：自主就业退役士兵从事个体经营的，自办理个体工商户登记当月起，在3年（36个月，下同）内按每户每年12000元为限额依次扣减其当年实际应缴纳的增值税、城市维护建设税、教育费附加、地方教育附加和个人所得税。限额标准最高可上浮20%，各省、自治区、直辖市人民政府可根据本地区实际情况在此幅度内确定具体限额标准。 企业招用自主就业退役士兵，与其签订1年以上期限劳动合同并依法缴纳社会保险费的，自签订劳动合同并缴纳社会保险当月起，在3年内按实际招用人数予以定额依次扣减增值税、城市维护建设税、教育费附加、地方教育附加和企业所得税优惠。定额标准为每人每年6000元，最高可上浮50%，各省、自治区、直辖市人民政府可根据本地区实际情况在此幅度内确定具体定额标准	1.《财政部　税务总局关于延长部分税收优惠政策执行期限的公告》（财政部　税务总局公告2022年第4号） 2.《财政部　税务总局　退役军人部关于进一步扶持自主就业退役士兵创业就业有关税收政策的通知》（财税〔2019〕21号）

续表

序号		政策内容	政策依据
2	居民个人取得全年一次性奖金单独计税优惠政策	自2019年1月1日起至2023年12月31日，居民个人取得全年一次性奖金，符合《国家税务总局关于调整个人取得全年一次性奖金等计算征收个人所得税方法问题的通知》（国税发〔2005〕9号）规定的，不并入当年综合所得，以全年一次性奖金收入除以12个月得到的数额，按照按月换算后的综合所得税率表，确定适用税率和速算扣除数，单独计算纳税	1.《财政部　税务总局关于延续实施全年一次性奖金等个人所得税优惠政策的公告》（财政部　税务总局公告2021年第42号） 2.《财政部　税务总局关于个人所得税法修改后有关优惠政策衔接问题的通知》（财税〔2018〕164号）
3	居民个人取得股票期权、股票增值权、限制性股票、股权奖励等股权激励，不并入当年综合所得	自2019年1月1日起至2022年12月31日，居民个人取得股票期权、股票增值权、限制性股票、股权奖励等股权激励，符合《财政部　国家税务总局关于个人股票期权所得征收个人所得税问题的通知》（财税〔2005〕35号）、《财政部　国家税务总局关于股票增值权所得和限制性股票所得征收个人所得税有关问题的通知》（财税〔2009〕5号）、《财政部　国家税务总局关于将国家自主创新示范区有关税收试点政策推广到全国范围实施的通知》（财税〔2015〕116号）第四条、《财政部　国家税务总局关于完善股权激励和技术入股有关所得税政策的通知》（财税〔2016〕101号）第四条第（一）项规定的相关条件的，不并入当年综合所得，全额单独适用综合所得税率表，计算纳税	1.《财政部　税务总局关于延续实施全年一次性奖金等个人所得税优惠政策的公告》（财政部　税务总局公告2021年第42号） 2.《财政部　税务总局关于个人所得税法修改后有关优惠政策衔接问题的通知》（财税〔2018〕164号）
4	免于办理个人所得税综合所得汇算清缴优惠政策	自2019年1月1日起至2023年12月31日，居民个人取得的综合所得，年度综合所得收入不超过12万元且需要汇算清缴补税的，或者年度汇算清缴补税金额不超过400元的，居民个人可免于办理个人所得税综合所得汇算清缴。居民个人取得综合所得时存在扣缴义务人未依法预扣预缴税款的情形除外	1.《财政部　税务总局关于延续实施全年一次性奖金等个人所得税优惠政策的公告》（财政部　税务总局公告2021年第42号） 2.《财政部　税务总局关于个人所得税综合所得汇算清缴涉及有关政策问题的公告》（财政部　税务总局公告2019年第94号）

续表

序号		政策内容	政策依据
5	外籍个人符合居民个人条件的，可享受个人所得税税收优惠	自2019年1月1日至2023年12月31日，外籍个人符合居民个人条件的，可以选择享受个人所得税专项附加扣除，也可以选择按照《财政部　国家税务总局关于个人所得税若干政策问题的通知》（财税〔1994〕20号）、《国家税务总局关于外籍个人取得有关补贴征免个人所得税执行问题的通知》（国税发〔1997〕54号）和《财政部　国家税务总局关于外籍个人取得港澳地区住房等补贴征免个人所得税的通知》（财税〔2004〕29号）规定，享受住房补贴、语言训练费、子女教育费等津补贴免税优惠政策，但不得同时享受。外籍个人一经选择，在一个纳税年度内不得变更	1.《财政部　税务总局关于延续实施外籍个人津补贴等有关个人所得税优惠政策的公告》（财政部　税务总局公告2021年第43号） 2.《财政部　税务总局关于个人所得税法修改后有关优惠政策衔接问题的通知》（财税〔2018〕164号）
6	中央企业负责人取得任期奖励的个人所得税单独计税优惠政策	自2019年1月1日起至2023年12月31日，中央企业负责人取得任期奖励，符合《国家税务总局关于中央企业负责人年度绩效薪金延期兑现收入和任期奖励征收个人所得税问题的通知》（国税发〔2007〕118号）规定的，不并入当年综合所得，以全年一次性奖金收入除以12个月得到的数额，按照按月换算后的综合所得税率表，确定适用税率和速算扣除数，单独计算纳税	1.《财政部　税务总局关于延续实施外籍个人津补贴等有关个人所得税优惠政策的公告》（财政部　税务总局公告2021年第43号） 2.《财政部　税务总局关于个人所得税法修改后有关优惠政策衔接问题的通知》（财税〔2018〕164号）
7	放宽初创型科技企业认定标准，符合条件的创投企业和天使投资人按一定比例抵扣应纳税所得额政策	自2022年1月1日起至2023年12月31日，对于初创科技型企业需符合的条件，从业人数继续按不超过300人、资产总额和年销售收入按均不超过5000万元执行，《财政部　税务总局关于创业投资企业和天使投资个人有关税收政策的通知》（财税〔2018〕55号）规定的其他条件不变	1.《财政部　税务总局关于延续执行创业投资企业和天使投资个人投资初创科技型企业有关政策条件的公告》（财政部　税务总局公告2022年第6号） 2.《财政部　税务总局关于创业投资企业和天使投资个人有关税收政策的通知》（财税〔2018〕55号）

续表

序号		政策内容	政策依据
8	高校学生公寓房产税和印花税优惠政策。	自2019年1月1日起至2023年12月31日，对高校学生公寓免征房产税。对与高校学生签订的高校学生公寓租赁合同，免征印花税	1.《财政部　税务总局关于延长部分税收优惠政策执行期限的公告》（财政部　税务总局公告2022年第4号） 2.《财政部　税务总局关于高校学生公寓房产税　印花税政策的通知》（财税〔2019〕14号）
9	延续国家商品储备税收优惠政策	自2022年1月1日起至2023年12月31日： 对商品储备管理公司及其直属库资金账簿免征印花税；对其承担商品储备业务过程中书立的购销合同免征印花税，对合同其他各方当事人应缴纳的印花税照章征收。 对商品储备管理公司及其直属库自用的承担商品储备业务的房产、土地，免征房产税、城镇土地使用税	《财政部　税务总局关于延续执行部分国家商品储备税收优惠政策的公告》（财政部　税务总局公告2022年第8号）
10	小微企业工会经费全额返还支持政策	2020年1月1日起至2022年12月31日，小微企业享受全额返还工会经费支持政策	1.《中华全国总工会办公厅关于实施小微企业工会经费支持政策的通知》（厅字〔2019〕32号） 2.《中华全国总工会办公厅关于继续实施小微企业工会经费支持政策的通知》（厅字〔2021〕38号）